ANATOMIA DIVINA

Quero te "ver" Senhor.
Junho / 2016 3H
Ramon Goulart

Kenneth Ulmer

ANATOMIA DIVINA

Tradução
JAMES MONTEIRO DOS REIS

Editora Vida

Vida

EDITORA VIDA
do grupo
ZONDERVAN
HARPERCOLLINS

Filiada a
CÂMARA BRASILEIRA DO LIVRO

ASSOCIAÇÃO BRASILEIRA
DE EDITORES CRISTÃOS

ASSOCIAÇÃO NACIONAL
DE LIVRARIAS

ASSOCIAÇÃO NACIONAL
DE LIVRARIAS EVANGÉLICAS

Título do original
The anatomy of God,
edição publicada pela WHITAKER HOUSE
(New Kensington, Pennsilvania, EUA)

■

EDITORA VIDA
Rua Júlio de Castilhos, 280 Belenzinho
CEP 03059-000 São Paulo, SP
Tel.: 0 xx 11 6618 7000
Fax: 0 xx 11 6618 7050
www.editoravida.com.br

■

Todas as citações bíblicas foram extraídas da
Nova Versão Internacional (NVI),
©2001, publicada por Editora Vida,
salvo indicação em contrário.

■

Coordenação editorial: Aldo Menezes
Edição: Miguel Facchini
Revisão: Lena Aranha
Capa: Cláudio Souto
Projeto gráfico e diagramação: Set-up Time Artes Gráficas

Dados Internacionais de Catalogação na Publicação (CIP)
(Câmara Brasileira do Livro, SP, Brasil)

Ulmer, Kenneth C.
Anatomia divina / Kenneth Ulmer ; tradução James Monteiro dos Reis. —
São Paulo : Editora Vida, 2004.

Título original: The anatomy of God.
ISBN 85-7367-796-1

1. Deus - Atributos I. Título.

04-5059 CDD-231.4

Índices para catálogo sistemático

1. Atributos de Deus : Doutrina cristã 231.4
2. Deus : Atributos : Doutrina cristã 231.4

Sumário

Falando sob uma perspectiva anatômica

Pai, quero conhecer-te, mas meu covarde coração teme desistir de seus brinquedos. Não consigo apartar-me deles sem sofrer em meu íntimo, nem tento esconder de ti o medo que sinto. Achego-me tremendo, mas me achego. Por misericórdia, arranque de meu coração todas aquelas coisas que há tanto tempo acalento e que se tornaram parte de meu próprio ser, para que tu entres e sejas o único a habitar ali. Que tu então tragas glória ao local onde repousam teus pés e que meu coração não precise mais da luz do sol, pois tu serás a luz e não haverá mais noite.

A.W. TOZER, *THE PURSUIT OF GOD*

A situação não tem nada de incomum. Já passa bastante da meia-noite, e todos em casa estão dormindo, menos eu. Enclausurado em meu escritório, fico imaginando se o sermão de amanhã, na verdade *hoje*, aparecerá por milagre antes que precise fazer uma exegese do texto. Isso nunca acontece e, devo confessar, na verdade não me importa. Pois, veja você, é nessa hora que dou asas a minha única e verdadeira obsessão. Medito sobre as Escrituras, disseco tudo que acho a respeito e dou uma olhada numa miríade de janelas que enfeitam o último programa de estudo bíblico, para enfim captar um novo vislumbre de Deus.

"Peço-te que me mostres a tua glória" (Êx 33.18). Moisés não estava apenas curioso quando, no monte Sinai, rogou pela presença visível de Deus. Embora eu não ouse alegar ter "amizade" tão intensa com Deus quanto a de Moisés, tenho, por vezes, sido incapaz de impedir a súplica de minha própria alma por mais visões daquele que não pode ser contido pelos céus ou pela terra. Sou como o coração do salmista, ofegante por um pequeno gole, só uma prova, de algo sem o qual não posso viver. Tem sido a mais proveitosa busca de minha vida. Jamais fiquei desapontado. Todas as tentativas de compreender nosso insondável Pai são recompensadas por quantidades iguais de colheita e avidez. Busco-o de contínuo, mesmo quando me comprazo na abundância do que descobri.

Há alguns anos venho fazendo isso, e percebi algum tempo atrás que Deus gosta disso tanto quanto eu. Ele não tem sido tímido comigo. Não "se faz de difícil". Ele quer que eu o busque. Na verdade, ele me estimula a fazê-lo. Ele quer "ser alcançado". Nesse nosso jogo, ambos ganhamos sempre que tenho um novo vislumbre dele. Em 2Coríntios 3.18 afirma-se que, quanto mais o contemplamos, mais nos assemelhamos a ele. Em outras palavras, cada vislumbre traz mais glória a seu nome.

Ora, se é nossa visão de Deus que traz crescimento e transformação, só podemos concluir que quando não há crescimento, ou quando o crescimento é limitado, a visão tem sido obstruída. Sabendo disso, debato-me na posição de pastor ao ver pessoas vindo à igreja de forma inconstante, parecendo buscar ao SENHOR sem jamais encontrá-lo. Eu sei, não sou o único pastor a sentir que se dá leite demais a pessoas que já deviam estar mastigando um bom filé.

Não pode ser culpa de Deus. Cada ato, pensamento ou objetivo de Deus tem sua raiz no mais profundo desejo de seu coração, o qual deve ser conhecido. Sua Palavra, do Gênesis ao Apocalipse, é uma maravilhosa pormenorização sobre quem ele é. Cada homem, mulher, relato e provérbio ali contidos acrescentam mais uma linha, sombra, cor ou contorno a essa magnífica tela. Os sinais e as maravilhas que ele realizou nas Sagradas Escrituras, bem como aqueles que ele ainda realiza em nossas vidas, não são apenas façanhas que visam nos impressionar. Ele não precisa de nossa aprovação ou aplauso. Nem foram feitos para que o homem cresse, mas para que soubesse em *quem* crê. Todos os profetas, anjos, apóstolos ou doutrinadores na Bíblia possuíam um único compromisso: proclamar ou representar a pessoa de Deus. Hoje em dia, todo evangelista, pastor, ministro, artista ou escritor cristão possui o mesmo mandato. João 1.3 diz: "Todas as coisas foram feitas por intermédio dele; sem ele, nada do que existe teria sido feito". Obviamente, isso significa que ele fez todas as coisas. Todavia, gostaria de sugerir que isso também significa que ele *está* em todas as coisas. Ou seja, que toda a criação de Deus, toda sua obra, nos diz algo a seu respeito. Todas as coisas criadas nos ajudam a ver o Criador.

Cada ato, pensamento ou objetivo de Deus tem sua raiz no mais profundo desejo de seu coração, o qual deve ser conhecido.

O mais evidente esforço do Pai em se revelar pode ser encontrado em nossos espelhos. Ele, naturalmente, não é carne e sangue. Deus é espírito, como disse Jesus à mulher junto ao poço. É onipresente, onipotente, onisciente e santo. É exatamente isso que vemos em seu cartão de visitas. Deus não possui um corpo propriamente dito. Aliás, não vemos em parte alguma da Bíblia qualquer referência ao corpo de Deus. O corpo de Cristo, o Messias, o Deus encarnado, ou o Deus em carne, é o mais perto que chegamos de tal conceito. A Bíblia não afirma que Deus possui um corpo. Todavia, encontramos diversas menções a partes específicas do corpo. Ora, isso não quer dizer que ele é um amontoado de membros, órgãos e atributos desconjuntados e fantasmagóricos flutuando pelo cosmos. Significa que Deus escolheu se revelar a nós por meio de conceitos e de idéias que podemos compreender. Nossa própria anatomia é a mais completa biografia do próprio Deus. É como se ele usasse nosso corpo para brincar conosco em uma espécie de jogo espiritual do tipo: "Onde está Wally?".[1] Em meio a um mundo repleto de escolhas entre o bem e o mal que podem ser percebidas pela visão, pela audição, pelo tato, pelo intelecto e pelo olfato, a imagem mais nítida que podemos ter dele está, literalmente, debaixo de nossos narizes. Nosso Pai, cuja misericórdia e bondade para conosco sempre sobejam, criou o homem de tal forma que nós, na finitude e nas limitações de nossa humanidade, somos capazes de visualizar e, em última análise, compreender esse Deus infinito e ilimitado. Fomos planejados para que Deus pudesse nos ensinar sobre sua pessoa.

Neste livro, consideraremos a anatomia de Deus. Tentaremos compreender a pessoa e a natureza de Deus, prestando atenção ao que ele diz sobre si mesmo quando utiliza termos físicos e fisiológicos. Faremos uso de uma ferramenta literária e teológica chamada antropomorfismo, que não passa de um termo complicado que pode ser dividido em duas palavras que fazem sentido. "Antropo", ou *anthropos*, significa "relativo ou pertencente ao homem". "Morfismo" significa "forma" ou "as-

Nossa própria anatomia é a mais completa biografia do próprio Deus.

[1]Livro de ilustrações lançado em 1990, em que Wally devia ser encontrado, geralmente, no meio de uma multidão. (N. do T.)

pecto". Assim, dizer que contemplaremos Deus em termos antropomórficos significa simplesmente que o veremos na forma de um homem, ou em termos humanos. Pense nisso como uma forma de o homem designar algo que Deus decidiu fazer, quando esse mesmo homem não passava de um amontoado de pó no chão do Éden.

Um convite à intimidade

Ao longo dos anos, recebi milhares de convites para banquetes, casamentos, eventos beneficentes, premiações e diversas outras ocasiões. Verifico minha agenda e compromissos, a fim de determinar se poderei comparecer ou não. Não vou muito além disso em minhas considerações. Mas minha esposa, não raro, consegue reconhecer um tipo de reunião apenas olhando para o convite. Eu apenas sei onde devo ir e o horário do evento. Com base no papel, na tinta, nas frases do cartão e na qualidade das letras no envelope ela pode afirmar se podemos esperar deliciosos filés e primorosos doces, ou galinha dura e bolo de supermercado. Conto com ela para dizer-me se estou corretamente trajado. Se a ocasião exigir que façamos uma doação, ela tem o talão de cheques. Ela quase nunca se surpreende com essas coisas. (Eu, porém, acredito que alguns convites deveriam vir com ressalvas, a fim de que eu não fosse pego de surpresa. Algo como: "Na verdade, esse evento será mais chato e menos importante do que esse convite transparece". Ou: "Aconselhamos uma boa refeição antes desse evento, caso você não goste de comida ruim". Todavia, o que realmente gostaria de ver é: "Planejamos começar no horário marcado, mas nossos planos não se concretizarão".)

Se prestássemos mais atenção ao convite, muito mais poderia ser descoberto sobre um evento e as pessoas que o promovem.

Isto posto, gostaria que você considerasse a Bíblia como um convite. Um convite, divinamente escrito, para uma associação eterna com o Todo-Poderoso. Deus o redigiu pessoalmente por intermédio de quase 40 escritores humanos, em 66 livros, 1 189 capítulos, 31 173 versículos e 774 746 palavras. Nesse convite, nenhum recurso foi poupado. Jesus Cristo deu a própria vida para entregá-lo a você. Moisés, Isaías, Davi, João, Paulo, Jeremias, Daniel e muitos outros tornaram-se canetas vivas. Canetas que expressaram o desejo do Pai de ter o prazer de sua companhia.

Digo isso para que você compreenda, à medida que estudamos a Palavra de Deus nestas páginas, que a busca de Deus por você foi um ato deliberado e metódico de graça. Ele não o salvou para levá-lo ao céu para que você lhe fizesse companhia. Deus não é um ser solitário. Ao adorá-lo, você não está lhe fazendo favor algum. Ele não infla mais o peito por você lhe agradecer. Continuaria sendo maravilhoso mesmo se você não o louvasse e continuaria a existir em toda sua glória mesmo que você não cresse nele. Se você não compreende o fato de Deus não precisar em absoluto de você, pode deixar de perceber o quão imenso é o milagre de sua salvação. Pode deixar de perceber o quanto Deus o ama, caso pense que os motivos para ele salvá-lo são, de alguma forma, egoístas. E, se você vê o amor de Deus como algo não completamente perfeito, também o conhecerá como um ser não completamente perfeito, o que significa que você não conhece nada dele. E ele quer, acima de tudo, que você o conheça.

Conhecer a Deus. Por vezes, fico abismado só de remoer em minha mente o significado dessa frase. Ele é o EU SOU, o único em quem e por quem todas as coisas existem. Ele é santo. Cada aspecto de seu ser é permeado de sua santidade e cercado por ela. Sua justiça é justiça santa. Seu poder é poder perfeitamente santo.

É mais perfeito do que o "perfeito" sabe ser. A pureza do "puro" é menos pura que Deus. Ele é justiça e verdade; misericordioso, onisciente, onipresente e imutável por toda a eternidade. E, antes de dar-me conta, minhas ponderações e meditações levaram-me a um terreno que não pára de me perturbar. Paulo chamava-o de sua miséria. Davi perguntava: "Que é o homem, para que com ele te importes?" (Sl 8.4). Eles são bem mais expressivos do que eu.

Lembro-me do homem que eu era. Conheço o homem que ainda sou. Parece-me quase cruel o fato de Deus ter me concedido uma mente capaz de compreender o quão indigno sou de receber qualquer entendimento a respeito dele, quanto mais um entendimento *dado por* ele. E parece ainda mais cruel ver tudo o que tenho e saber o quanto tudo isso lhe custou. Eu não teria feito o mesmo por ele. Não teria sacrificado meu único filho por ele. Ele sabe disso. Meu amor por ele não é assim tão grande.

Não é possível refletir por muito tempo sobre quem é Deus sem ser lembrado sobre quem você *não é*. Nesses momentos, Deus pareceu tão distante de mim, tão intocável, tão remoto! Como Davi, fico pensando por que ele se importa comigo. É nesse ponto que o raciocínio me falha. E é também nesse ponto que creio estar Deus em sua mais elevada magnificência. Em sua Palavra, ele me mostra seus olhos, capazes de me ver onde quer que eu esteja. Descubro braços poderosos, capazes de me arrebatar das presas de qualquer inimigo devorador. Vejo um sorriso cheio de graça para comigo, dedos que me moldaram no ventre de minha mãe, e mãos que me guiam e orientam, dia a dia, por entre perigos visíveis e invisíveis. Seus ouvidos escutam meu clamor. Ele inala o cheiro de meus sacrifícios, e seu sopro incinera aqueles que despertam sua ira ao me perseguir. Ama-me com um coração que deseja meu bem, e seu interior sente saudades quando estou longe. Eis aqui o motivo para

Deus se fazer conhecido em termos anatômicos: convidar-nos a conhecê-lo intimamente, para que o vejamos, em última análise, como amistoso, alcançável, tangível e acessível.

É correto afirmar que os caminhos e pensamentos de Deus estão muito acima dos nossos. Também é verdade que ele se estende para muito além da capacidade de contenção do universo. Ele sabe tudo sobre todas as coisas. É especialmente poderoso, impressionante e glorioso. Somente Deus poderia estabelecer seu próprio trono. Não há ninguém que possa nomeá-lo para sua posição e, com certeza, não há ninguém que seja "Deus o bastante" para destituí-lo. Sim, ele é perfeito em todos seus caminhos. Mas, se limitarmos nossa visão às coisas que o situam acima das alturas, sem fundamentos humanos, tornando-o insondável e imensurável, o colocaremos onde ele menos deseja estar: além de nosso alcance.

"'Sou eu apenas um Deus de perto`, pergunta o SENHOR, 'e não também um Deus de longe? Poderá alguém esconder-se sem que eu o veja?`, pergunta o SENHOR. 'Não sou eu aquele que enche os céus e a terra?`, pergunta o SENHOR" (Jr 23.23,24). Toda a criação foi formada para mostrar ao homem o quanto Deus é grande, a fim de que o homem o temesse e adorasse. Mas o homem foi criado para revelar o lado mais íntimo e compassivo da pessoa de Deus. Fomos feitos a sua imagem, e ele é amor. Desse modo, somos retratos do amor de Deus. Vê-lo de maneira antropomórfica é considerá-lo pelo seu amor por nós. Nesse contexto, até mesmo nosso desmerecimento dá testemunho, pois a misericórdia e a graça de Deus ocupam um local de destaque quando percebemos o quão imerecido é seu amor por nós.

Deus nos usa para transmitir a mensagem de que está tão perto quanto longe de nós. Precisamos compreender esse fato para ter uma imagem completa dele. Conceber a infinitude sem a intimidade é o mais insultuoso retrato que podemos fazer de Deus. É como representar uma criança tentando alcançar certo objeto mantido fora de seu alcance por um adulto mais alto e mais forte. Quanto mais a brincadeira durar, mais frustrada ficará a criança. Após algum tempo, ela desistirá. O mesmo acontecerá conosco, se limitarmos nosso entendimento de Deus àqueles aspectos de sua natureza que o mantêm "longe" de nós.

Quando examinamos as Escrituras, verificando como homens, mulheres e nações inteiras foram influenciados e moldados pelo entendimento da anatomia de Deus, percebemos que um ciclo começa a surgir. Assim como o universo, nossa imaginação não pode conter a plenitude de Deus. Desse modo, Deus se revela passo a passo a seu povo, criando em nós uma capacidade sempre maior de compreender cada nova revelação. Expande nossa imaginação santificada apenas o suficiente para apreendermos mais um pouco sobre ele. A seguir, após estarmos acostumados, ele a expande um pouco mais.

> **Conceber a infinitude sem a intimidade é o mais insultuoso retrato que podemos fazer de Deus.**

Esse processo não pode ocorrer sem nosso consentimento ou envolvimento ativo, o que faz sentido visto que o objetivo é para que nos aproximaremos de Deus. A cada etapa, somos solicitados a dar uma resposta a Deus. Fazemos uma escolha que sinalizará nosso desejo de seguir em frente com ele. E, a exemplo de toda atividade que envolve uma cooperação entre Deus e o homem, nossa participação está sujeita à presença do pecado em nossas vidas e é limitada por esse fato. O pecado nos separa de Deus, e essa separação nos impede de vê-lo, de nos comunicar com ele, de nos achegar a ele e de ser transformados por ele.

O pecado impedirá o sucesso de qualquer busca espiritual, se permitirmos que se acumule em nossas vidas. A oração é atrapalhada por ele. No pecado, os dons não operam com poder, a sabedoria se torna malévola e carnal. O caráter é destruído e esforços dignos são frustrados por ele. A visão é obscurecida, o ministério se torna impotente e o caminho para Deus é apagado pelas trevas do pecado.

Não dispomos de tempo e espaço suficientes para abordar em detalhes os efeitos debilitantes do pecado. É assunto para outro livro, a ser escrito em outro momento. Mas digo aqui que todo crente deveria manter o hábito de permitir ao Espirito Santo uma verificação periódica de pecados. Como Davi, devíamos clamar: "Sonda-me, ó Deus, e conhece o meu coração; prova-me, e conhece as minhas inquietações. Vê se em minha conduta algo te ofende" (Sl 139.23,24). Davi era um homem segundo o coração de Deus, não por ser uma imagem da perfeição imaculada, mas por estar sempre disposto a ver o pecado como Deus via e a reagir ao pecado como Deus reagiria. Ele se expunha à luz dos estatutos de Deus e, caso se achasse em falta, agia rapidamente para se confessar e se arrepender. A vida de Davi foi marcada por sua implacável busca por Deus. "Uma coisa pedi ao SENHOR; é o que procuro: que eu possa viver na casa do SENHOR todos os dias da minha vida, para contemplar a bondade do SENHOR e buscar sua orientação no seu templo" (Sl 27.4). Todos os desejos de Davi eram envoltos pelo anseio de estar na presença de Deus; eles eram vinculados a esse anseio e entremeados com ele. Da mesma forma, todas nossas aspirações deveriam ser moldadas e afetadas por um desejo de ver a Deus e por uma aversão em acomodar-se com a presença do pecado.

Quando nos submetemos aos caminhos de Deus, a vontade divina se torna clara para nós. O desejo de Deus de ser conhecido por nós se torna óbvio, e, o que é mais importante, é iniciado um ciclo que torna esse desejo cada vez maior.

Revelação

A revelação expõe a nossos olhos uma parte da anatomia de Deus. É aquela ação soberana de Deus que expõe algo anteriormente velado. Como já disse, Deus não pode se expor para nós, por completo, de uma só vez. Nós não suportaríamos. O fogo consumidor de sua santidade destruiria nossa humanidade. Dessa forma, Deus, em sua misericórdia, faz-se conhecer gradualmente, segundo três critérios: 1) nosso desejo de vê-lo, 2) nossa capacidade de vê-lo, 3) nossa necessidade de vê-lo.

Deus não se revela a seus filhos que não o querem ver. Somos orientados, ao longo de toda a Bíblia, a buscar a Deus, a afeiçoarmo-nos a ele, a persegui-lo, a tatear a sua procura e a evocá-lo, inclinando-nos para ele ou apoiando-nos em sua pessoa. Todas essas ações exigem esforço de nossa parte, mas o mais importante é que são sempre precedidas por uma preferência ou tendência em direção a Deus. Deus jamais se impõe a nós. Amá-lo é sempre uma escolha. Ele nos escolhe, disposto a correr o risco de não ser escolhido por nós, a fim de nos permitir experimentar de forma plena a natureza divina de seu amor.

Uma vez que nosso desejo de ver a Deus esteja claro, o próximo critério da revelação considera nossa capacidade de recebê-lo. Como já foi dito, o pecado nos desqualifica para receber as coisas de Deus. Outro fato que nos desqualifica é nossa recusa em agir de acordo com a última revelação dada a nós. Deus não é esbanjador. Ele não passa a uma nova lição antes que a primeira tenha sido aprendida. Não nos dará uma nova revelação enquanto a anterior esbarrar em nosso medo e descrença. Toda revelação de Deus fala-nos algo sobre sua pessoa e prepara-nos para a revelação seguinte. Se nos recusamos a recebê-lo, diminuímos nossa capacidade de receber mais dele.

Por fim, toda revelação é dada por Deus conforme a necessidade se apresenta. Se você precisa saber se Deus ouve seu clamor, ele, na hora certa, mostrará seus ouvidos inclinados a você. Se precisar ter certeza de que a mão de Deus o amparará na necessidade, eu lhe garanto, você o verá. Se for necessário a você ver os olhos de Deus, ele não lhe mostrará a boca. Agora, devemos considerar que essa moeda tem duas faces. Você pode pensar que, em um momento de necessidade, precisa ver o amparo das mãos de Deus. Mas Deus pode querer mostrar-lhe a paz originada da consciência de que ele ouve o clamor de sua boca. É Deus que atende sua necessidade e, meu amigo, é também ele que determina a natureza de sua necessidade. Cada revelação estará de acordo com o propósito de Deus, e tal propósito foi determinado antes de sua necessidade existir.

Na revelação, sabemos que Deus existe. Hebreus 11.6 afirma que, antes de nos aproximarmos dele, precisamos crer que ele existe. Dessa forma, nossa reação à revelação de Deus é tão-somente ver o que ele nos mostra. É aceitar que, naquele momento, algo foi posto a descoberto diante de nossos espíritos para prestarmos atenção.

Reconhecimento

Tão logo nossos espíritos tenham contemplado um aspecto específico de Deus, nossas mentes precisam lhe dar o tratamento adequado. O reconhecimento dispõe cada revelação em um arquivo de entendimento espiritual. Quando a revelação diz: "Vejo algo", o reconhecimento afirma: "Vejo *Deus*". Nesse momento, cada crente precisa aceitar ou rejeitar a responsabilidade por aquilo que sabe.

Já participei de reuniões em que homens e mulheres erguiam suas mãos e limpavam a garganta, tentando deixar claro para quem conduzia a reunião que queriam ser vistos e, na verdade, ouvidos. Mas, até serem "reconhecidos" pela pessoa que presidia o encontro, não podiam falar. Reconhecer a Deus envolve uma ação que se desdobra em duas: dirigir sua atenção a ele e, a seguir, transmitir sua disposição de ouvi-lo. Todavia, mantenha em mente que o reconhecimento, assim como tudo o mais relacionado a Deus, é para seu benefício, não de Deus. Ele não adquire maior importância por você reconhecê-lo. O reconhecimento é, exatamente, a confissão de que ele é mais importante *para você*.

Já lhe aconteceu de, ao ver alguém vindo de longe em sua direção, você ter decidido atravessar para o outro lado da rua, por não querer falar com aquela pessoa naquele momento? Ora, o fato de não ter conversado com tal pessoa não anula o fato de que a viu. Tentamos agir da mesma forma com Deus. Nós o vemos, mas pensamos que, se não o reconhecermos, estaremos nos eximindo da responsabilidade de responder-lhe. Deixe-me contar-lhe um segredo: Deus o vê chegando antes de você poder vê-lo, e não há desvio suficientemente amplo que permita evitá-lo.

O mesmo espírito que nos permite reconhecer a pessoa de Deus também nos revela quando algo ou alguém não é Deus. Nem todo dinheiro oferecido a você para ajudá-lo a sair de um problema vem dos cofres de Deus. Por vezes, se não estivermos usando nossos olhos espirituais, as mãos do inimigo se assemelharão muito às mãos de Deus. Assim, o reconhecimento é afetado e algumas vezes distorcido pelas condições de nosso coração. Um coração cheio de medo, amargura, cólera, rancor ou orgulho enfraquece a capacidade de reconhecimento de uma pessoa. Uma mulher, por exemplo, com medo da solidão pode reconhecer um caso de amor profano e adúltero como "ordenado por Deus". Também já vi pessoas incapazes de ouvir um bom conselho devido à raiva.

Portanto, é evidente que o reconhecimento precisa sempre ser passado pelo filtro da Palavra de Deus. Para reconhecer Deus em alguém, ou em meio a uma situação, precisamos ser capazes de realizar uma comparação com o que Deus disse. Caso não haja concordância, precisamos considerar o que vemos como oriundo de outras origens que não divinas.

Quando ocorre tal reconhecimento, nossa reação é movermo-nos em direção àquilo que vemos como Deus, ao mesmo tempo em que nos afastamos do que é contrário a ele. Jesus disse: "Eis que estou à porta e bato. Se alguém ouvir a minha voz e abrir a porta..." (Ap 3.20). Observe que a porta não abre antes de a pessoa ter ouvido uma voz. Na verdade, Jesus deixa implícito que a abertura da porta é precedida pela compreensão e o reconhecimento de que é Cristo quem bate à porta. Ele disse: "Se alguém ouvir a *minha* voz" (grifo do autor). Sempre que se revela para nós, Deus dá a oportunidade para que o aceitemos ou o ignoremos. Ao ignorá-lo, pedimos-lhe que cesse de falar, de se mover e de agir em nosso favor. E ele se manterá afastado até que digamos algo em contrário. No entanto, a aceitação, ou seja, o reconhecimento de Deus por nós, convida-o a trazer mais cor, amplitude e profundidade a nosso relacionamento com ele.

Relacionamento

> Por isso lhes digo: Peçam, e lhes será dado; busquem, e encontrarão; batam, e a porta lhes será aberta. Pois todo o que pede, recebe; o que busca, encontra; e àquele que bate, a porta será aberta. (Lc 11.9,10)

A maioria de nós passou por esses versículos em nossos estudos bíblicos, ouviu-os em pregações em um ou dois púlpitos, ou captou-os em alguma conversa sobre assuntos espirituais. Creio que eles encerram uma das mais óbvias ilustrações da reciprocidade que desfrutamos em nosso relacionamento com Deus. Pedimos, e é-nos dado. Buscamos, e encontramos. Batemos, e a porta é aberta para nós. É evidente que não possuímos todos os recursos, não somos suficientes em nós mesmos, nem somos capazes de conseguir por conta própria o que precisamos. Existem coisas que precisamos e não temos, por isso as pedimos a Deus. Existem as que possuímos e não nos são suficientes, por isso as buscamos fora de nós e com a orientação de Deus. Também existem áreas de suficiência que Deus quer aumentar, motivo pelo qual batemos às portas que ele coloca diante de nós.

O que torna essa passagem de Lucas especial para nós, quando refletimos sobre o desejo de Deus de se revelar, são os tempos verbais de *pedir*, *buscar* e *bater*. No versículo 9, são apresentados no imperativo e, no versículo 10, no presente. Ambos os tempos verbais indicam uma ação contínua ou repetitiva. Em outras palavras, nessa passagem, Jesus nos diz para que continuemos pedindo, buscando e batendo sem cessar. Subentende-se que, em resposta, você, continuamente, receberá, achará e terá portas abertas diante de si. Isso é o que basicamente significa ter um relacionamento com Deus.

O fato de o Senhor nos revelar uma parte de si, fazendo com que reconheçamos sua presença em nossa vida, deveria levar todo coração disposto a examinar todas as implicações de tal revelação. Quando vejo, por exemplo, o braço protetor de Deus me defendendo de todo o mal, dano e perigo, reconheço-o em minha vida como minha força e meu escudo. Depois, começo a compreender como ele me amparava quando ainda não sabia como chamar por ele, quando nem sabia dessa possibilidade. Começo a ser mais corajoso quanto a meu amanhã, pois sei que ele estará cuidando de mim. Vejo sua misericórdia, sua graça, sua resignação e seu amor como conseqüência do desejo de me proteger. Ao estudar cada faceta e detalhe desse recém-compreendido aspecto de Deus, minhas orações assumem nova intensidade e ousadia. Meu louvor se expande, e minha adoração é mais completa. Quanto mais vejo de Deus, mais quero saber, pedir e bater à porta.

Relacionamento é o desabrochar da curiosidade criada em nós a cada nova revelação da pessoa de Deus. É por meio do relacionamento que a intimidade nos une ao próprio coração do Todo-Poderoso. A maioria dos casais se apaixona pouco a pouco, à medida que se conhecem um ao outro. Quanto mais Deus nos ensina sobre ele e nos revela sobre seu coração, mais nos apaixonamos por ele. Ao mesmo tempo, compreendemos com clareza cada vez maior o quanto ele já é apaixonado por nós. Nunca esqueça: Deus já sabe tudo sobre nós. Ao nos relacionarmos com ele, ele não apenas nos fala sobre quem é, mas também sobre quem somos.

Algo ímpar ocorre em nosso relacionamento com Deus. À medida que aumenta nossa intimidade com ele, cresce um curioso paradoxo em nosso interior. Deus parece cada vez mais digno de ser amado, ao passo que nós parecemos cada vez menos dignos de ser amados. Conforme ele vai se tornando mais formidável a nossos olhos, aumenta nosso deslumbramento com o fato de ele não apenas nos amar, mas *escolher* nos amar. Nessa altura, podemos escolher entre ficar arrasados de vergonha, envaidecidos de orgulho e sufocados de gratidão. A primeira opção nos fará resistir a Deus. A segunda fará Deus se opor a nós. A terceira nos transformará.

Reflexo

Não posso afirmar que me sinto totalmente satisfeito em saber que ultrapassei a fronteira entre "um jovem" e, digamos, o sujeito que sou agora. O mais irritante no envelhecimento é o fato de não acontecer com nossa permissão ou conforme nossos planos. O tempo age furtivamente no corpo. Faz com que músculos flexíveis arrumem as malas e cochichem para vários cabelos em sua cabeça: "As juntas doloridas e os cabelos grisalhos chegaram. Nosso trabalho já terminou". Dessa forma, a juventude escapa de nós, camuflada pela marcha tonitruante dos compromissos e das responsabilidades, companheiros incansáveis da maturidade. Ninguém deixa ao menos um bilhetinho. Somente o espelho é gentil, ou cruel, o bastante para nos contar as novidades. Enquanto o tempo vai nos roubando os traços e as capacidades, nosso reflexo nos mantém informados a cada instante. Ele não mente, e não deixa mais ninguém mentir. Mantém um registro preciso de nosso relacionamento com o tempo.

No que diz respeito ao aspecto espiritual, nosso reflexo mantém um registro preciso de nosso relacionamento com Deus. Cada encontro com Deus fica devidamente registrado em nosso reflexo. Nossa aparência espiritual informa, aos outros e a nós, a quantas anda nosso relacionamento com ele. Dar risadas, ter uma dieta saudável, tabagismo, exercícios físicos, a pressão do dia-a-dia, álcool e drogas. Tudo isso, com o tempo, vai marcando sua história no corpo de uma pessoa. Da mesma forma, a fé, o medo, a amargura, a alegria e o contentamento, a paz, o orgulho e a raiva deixam marcas no espírito, dependendo de nosso relacionamento com Deus.

O reflexo é a maneira de Deus dizer que está agindo em nós. É a confirmação de que ele entrou pela porta aberta por nós e aceitou cear conosco. Num relacionamento, passamos a conhecer melhor uma pessoa. Quando refletimos essa pessoa, estamos certos de que vale a pena seguir seus passos. Deus é perfeito, ou seja, não temos um relacionamento com ele para que ele se assemelhe a nós. Somos nós que temos o objetivo de nos tornar cada vez mais semelhantes a ele; logo, refletir sua imagem é um sinal de que o relacionamento está funcionando. A revelação diz: "Eu vejo". O reconhecimento afirma: "Vejo Deus". O relacionamento reafirma: "Vejo Deus comigo". E o reflexo proclama: "Vejo Deus em mim!".

O reflexo é a glória de Deus gerada em nós. E, como a glória de Deus é sempre maior do que nós, qualquer exposição a essa glória, ou expressão dessa glória, nos engrandece e transforma. Em outras palavras, quando refletimos a glória de Deus, podemos vê-lo em nós mesmos. Seu reflexo torna-se uma nova revelação para nós. Portanto, o ciclo de revelação, reconhecimento, relacionamento e reflexo começa mais uma vez, em outro patamar. À medida que Deus se torna mais visível *para* nós, ele também se torna mais visível *em* nós. Portanto, passamos a vivenciar o objetivo do ciclo, que é participar da natureza divina enquanto somos transformados, de forma a poder expressá-la. Paulo chama esse processo de tranformação "com glória cada vez maior" (2Co 3.18). Salmos 84.7 diz que o homem prossegue "de força em força". E em Romanos 1.17, lemos que a justiça de Deus é revelada "do princípio ao fim [...] pela fé". Todas essas passagens sugerem uma exposição progressiva das coisas de Deus.

Não é de surpreender que nossa anatomia demonstre esse mesmo padrão. Você jamais daria um halteres de vinte quilos a um recém-nascido. Ele não poderia suportar o peso, pois mal consegue levar a mamadeira até a boca. Mas, após crescer um pouco, adquirir alguns músculos, alguma coordenação e algum entendimento, esse bebê, já transformado em jovem, será capaz de levantá-lo e, com o tempo, até mais. Quanto mais crescemos, maiores são nossas capacidades. O mesmo vale para nossa comunhão com Deus. Trata-se de um processo.

Um modelo de perfeição

Chegará o dia em que me apresentarei diante de Deus e, como pastor, darei conta dos homens e das mulheres confiados a meus cuidados. Ele observará a minha congregação e examinará os corações de todos, verificando se a Palavra que me foi confiada penetrou neles. Sendo esse o caso, averiguará se os nutri e guardei da melhor forma que podia. Como pregador e professor, serei considerado responsável por estudar, a fim de mostrar-me aprovado diante de Deus, e por comunicar o que aprendi não apenas em palavras mas também em atos, pois Paulo disse que devo ser um exemplo perante as pessoas colocadas por Deus sob meus cuidados (v. 2Ts 3.9).

Essa prestação de contas não incluirá apenas os membros da Faithful Central Bible Church em Los Angeles, Califórnia. Também incluirá aqueles pastores que se acham sob minha supervisão, considerando minhas funções como bispo-presidente da Macedonia International Bible Fellowship. Incluirá até mesmo as pessoas que lêem meus livros e ouvem minhas fitas, se considerar o que Cristo disse aos fariseus em Mateus 12.36, 37: "Mas eu lhes digo que, no dia do juízo, os homens haverão de dar conta de toda palavra inútil que tiverem falado. Pois por suas palavras vocês serão absolvidos, e por suas palavras serão condenados". Embora saiba não se tratar de uma exortação dirigida especificamente a pastores, encontro-me entre os homens com potencial de falar palavras inúteis.

Para ser honesto, houve momentos em que desejei estar livre de minhas obrigações pastorais, embora não pelos motivos que você pode estar pensando. Não me importo com as coisas que a maioria dos pastores considera como "dores de cabeça" do ministério. Aprecio o trabalho que envolve a preparação de meus sermões.

Lidar com personalidades excêntricas, principalmente na liderança, pode ser bastante enfadonho, mas não insuportável a ponto de me levar a questionar meu chamado. Tenho visto pastores que jamais desenvolveram amor por seu povo. Não me encontro entre esses. Sinto-me honrado e indigno das pessoas que tenho a felicidade de apascentar.

Mas, ao pregar para elas, ensiná-las, liderá-las e zelar por elas, caminho em uma espécie de corda bamba espiritual. Como pregador, quero que as pessoas me escutem, mas que ouçam a Deus. Como professor, quero que as pessoas compreendam, mas também que seu entendimento vá além de minhas palavras, alcançando o que Deus tem a lhes dizer. Se você é um líder, as pessoas devem segui-lo. Se você afirma ser um líder e não há ninguém que o siga, você está apenas dando um passeio. Mas existe uma finíssima linha entre *seguir* a mim e seguir *a mim*. Sou chamado a zelar pelo povo de Deus, todavia esse povo não pertence a mim, mas a Deus. Sou apenas um mordomo. Longe de mim chegar algum dia diante de Deus e ser acusado de roubar sua propriedade. Por vezes desejei não ser responsável pelo povo de Deus, pelo enorme risco que ronda todo pastor que leva seu chamado a sério. Corremos o risco de gerar bons clones em vez de bons cristãos. É muito fácil cair na armadilha de se satisfazer com sua congregação desde que venha à igreja todos os domingos. Sentir-se tranqüilo, contanto que escutem, gritem, dancem, ofertem e, depois disso tudo, vão para casa sem nenhuma queixa, sem jamais verificar se possuem um relacionamento pessoal com Deus. Um relacionamento pessoal que não precise de nós como intermediários. Podemos ficar tão ocupados em levar pessoas debilitadas a Deus, que acabamos por não conseguir fazer aquilo a que fomos chamados, ou seja, levar a Palavra de Deus, que cura, às pessoas debilitadas.

Se não tomarmos cuidados, seremos julgados por tentar criar Deus a nossa imagem, em vez de permitir que Deus nos recrie conforme sua própria imagem.

De vez em quando, preciso lembrar às pessoas que meus braços podem conseguir abraçá-las, mas, ao contrário dos braços de Deus, serão incapazes de salvá-los. Meus olhos não vêem tudo. Posso deixar passar aquela dor profunda em seus corações; e, ainda que a veja, não tenho poderes para curá-la. De tempos em tempos, preciso lembrar que não fui pendurado para morrer numa cruz e, por isso, não posso impedir que algumas pessoas sigam para o inferno. Com toda a certeza, não posso ser considerado inocente, generoso ou abnegado o tempo todo. Não acertarei sempre nesses assuntos. Na verdade, nem vou chegar perto disso. Necessito de misericórdia tanto quanto qualquer outra pessoa.

Visto que não sou Deus, abandonarei você. Considerando que não sou Cristo, desampararei você. Quero que você me escute, pois sei que não sou o único a tentar salvar o mundo. E sei que não sou o único a ter buscado alguma vez a salvação em coisas ou pessoas que não são Deus.

Creio que este livro é, até certo ponto, uma palavra de Deus para nós, afirmando que ele é, e sempre será, nosso único herói. Oro para que este livro lhe revele a pessoa de Deus de tal forma que você seja confrontado, desafiado e transformado. Ao atentarmos para a anatomia de Deus, pense na ternura envolvida em colocar a imagem miraculosa do Deus todo-poderoso não apenas perto de você, mas *sobre* você e *dentro* de você. Ele fez isso para que você soubesse que ele não estaria mais longe de você do que você está dele. Ele quer que você o estude, de perto e pessoalmente. Ao viver, mover-se e existir em você, quer lhe ensinar o que significa viver, mover-se e existir *nele*.

À medida que procurar compreender a anatomia de Deus, você descobrirá que, sempre que ele mostra qualquer detalhe sobre a pessoa dele, também lhe mostra algo sobre a personalidade dele. Deus, na verdade, é espírito. A única razão para Deus se mostrar para nós em uma perspectiva anatômica é ajudar-nos a compreender sua natureza. Por esse motivo, o que veremos sobre a anatomia de Deus é tão importante quanto o que não veremos. Não veremos, por exemplo, os joelhos ou as pernas de Deus. Nas Escrituras, joelhos ou ajoelhar-se representam submissão, medo, súplica ou adoração. Nenhuma dessas características ou comportamentos diz respeito a Deus. São comportamentos do homem em relação a Deus.

> Creio que este livro é, até certo ponto, uma palavra de Deus para nós, afirmando que ele é, e sempre será, nosso único herói.

Pernas aparecem na Bíblia como uma representação da força humana. Lemos no livro dos Salmos que Deus não se agrada da "agilidade [lit. *das pernas*] do homem" (Sl 147.10), o que quer dizer que a força do homem não o impressiona. Assim, não causa surpresa não encontrarmos nas Escrituras referência alguma às "pernas de Deus", apesar de haver passagens que mencionam pessoas "caminhando" com Deus. As pernas também nos transportam de um lugar para o outro e, simbolicamente, representam nossa forma de vida, nosso dia-a-dia. Deus é eterno e existe em si mesmo, à parte do tempo. Sua vida não se desenvolve nem "acontece" como a nossa. Ele simplesmente *é*. Além do mais, ele não se move de um lugar para o outro. Deus é onipresente, está em todos os lugares, em todas as épocas e ao mesmo tempo.

Os ombros representam trabalho ou obra. Deus interrompeu seus trabalhos após seis dias, de modo que não veremos os ombros de Deus representados nas Escrituras. O pescoço é utilizado com referência à escravidão, submissão, ou total sujeição. Deus é Deus, ninguém se equipara a ele. Reina supremo, sempre, sobre todas as coisas. O pescoço também tipifica uma inclinação íntima do coração. Israel foi chamado de "povo obstinado" (Êx 32.9), em alusão a seu coração, que era resistente às coisas de Deus. Em um capítulo posterior, veremos que o coração de Deus se revela em outras partes de sua anatomia.

Dar as costas para alguém significa rejeitar essa pessoa. Visto que servimos a um Deus que prometeu jamais nos deixar ou abandonar, não o vemos exibindo as costas. Moisés viu "as costas" de Deus após ele passar, mas isso visava evitar que ele morresse ao ver Deus de frente. De acordo com João, somente Jesus viu Deus por completo. João ainda afirma, em seu Evangelho, que o Filho está "junto ao Pai" e revela-nos a pessoa de Deus (Jo 1.18). A Bíblia fala sobre Jeroboão, um rei de Israel, dando as costas para Deus, e de Israel fazendo o mesmo com as leis do Senhor; não há rejeição maior do que essa. (v. 1Rs 14.9; Ne 9.26; Ez 23.35.) Isso é algo que jamais vemos Deus fazer, a não ser quando se trata de perdoar nossos pecados. (v. Is 38.17.)

Nós, seres humanos, tendemos a ver as coisas de forma extremamente egocêntrica. Deus sabe disso, senão jamais teria feito uma pintura de si mesmo sobre a tela que passamos mais tempo observando, ou seja, nós mesmos. Chegará o dia em que estaremos diante dele para prestar contas do tempo que passamos aqui. Naquele momento, somente lhe importará a seguinte questão: "Você se parece comigo?". Se tivermos sido diligentes na leitura dessa carta de amor impressa no pergaminho de nossa própria imagem falível e cheia de defeitos, nos regozijaremos em responder a essa pergunta. Se pararmos para pensar no que Deus tem para dizer a nosso respeito na Terra, e passarmos a buscar o que nós temos a dizer sobre Deus, então nossa vaidade não terá sido em vão. Se, ao terminar esse livro, tiver apenas aprendido que você foi feito para o prazer de Deus, e não Deus para seu prazer, terá aprendido muito. Como será maravilhoso saber que você agrada a Deus!

As dádivas que você receberá nessa jornada que está prestes a realizar são muitas e variadas. À medida que Deus lhe for revelando o corpo dele, você descobrirá a glória de seu imenso amor por você. Aliás, Atos 17.27 afirma que fomos feitos para buscar o Senhor: "Deus fez isso para que os homens o buscassem e talvez, tateando, pudessem encontrá-lo, embora não esteja longe de cada um de nós".

Vamos lá?

Ver você sorrir: a face de Deus

Uma professora de jardim de infância pediu aos alunos que fizessem um desenho do que era mais importante para cada um. No fundo da classe, Johnny começou a trabalhar em seu desenho. Todos terminaram, menos ele, que ainda continuava desenhando. A professora se aproximou e gentilmente pôs o braço em torno dos ombros de Johnny, dizendo:

– Johnny, o que você está desenhando?

Sem ao menos olhar para cima, continuou a trabalhar febrilmente em seu desenho e respondeu:

– Deus.

– "Mas, Johnny – disse a professora com carinho –, ninguém sabe como Deus é."

– Saberão quando eu tiver terminado.

EMORY GRIFFIN, *THE MIND CHANGES*[1] [*A RENOVAÇÃO DA MENTE*]

Creio que minha esposa, Togetta, é uma das mulheres mais bonitas que conheço. Você pode até dizer que sou suspeito, e admito que sou. Ela é minha esposa e a amo profundamente. No entanto, ser suspeito não me torna cego. Ela é realmente mag-

[1]Wheaton, Ill.: Tyndale House, 1976.

nífica. Já ouvi pessoas dizerem que, após muitos anos de casamento, paramos de olhar o cônjuge com os olhos e passamos a enxergar com o coração. É uma observação carinhosa, mas, "Louvado seja Deus!", meus olhos continuam bastante felizes após vinte e cinco anos de casamento. Na verdade, fico feliz por ela ser minha esposa, pois, se ela fosse a esposa de outra pessoa, eu me meteria numa encrenca terrível por olhá-la dessa forma.

Ela possui um rosto primoroso. Como a maioria dos maridos, eu a prefiro sorrindo, mas agrada-me ainda mais quando eu sou o motivo de seu sorriso. Numa sala cheia de gente, surpreendo-me observando-a sem qualquer razão, tão-somente absorto em olhar seu rosto. Não fico vidrado, concentrado em seus olhos. Não ouço uma sinfonia nem saio flutuando por entre a multidão em busca do toque de suas mãos. Apenas olho, ela me vê olhando, e o momento passa. Mas precisa ser o rosto. Não basta a mim ver a parte de trás da cabeça ou o perfil. Não fico satisfeito até poder enxergar sua face.

O rosto possui algo que nos une às pessoas de uma forma impossível a qualquer outra parte da anatomia humana. Tanto parceiros íntimos como estranhos dependem de suas expressões e impressões tanto para dar início, como para aprimorar e acompanhar todo tipo de comunicação. O rosto é a primeira coisa que olhamos e a primeira que se volta para nós. É o detalhe de que mais nos lembramos em outra pessoa e aquilo em que primeiro acreditamos. Se lhe disser que senti saudade, meu rosto pode denunciar uma mentira. Se afirmar que meu coração está partido, meu semblante atormentado pode declarar e confirmar a dor de que falo.

Assim, o rosto é o principal instrumento anatômico de expressão pessoal. Somos, para o bem ou para o mal, nosso rosto. Via de regra, o rosto diz às pessoas como estamos. Um rosto triste significa uma pessoa triste. Isso parece óbvio até você começar a pensar no rosto de Deus. O rosto nos dá a primeira impressão de alguém. Qual foi sua primeira impressão de Deus? Sua face trazia aparência de santidade? Ele tinha uma expressão onisciente ou justa? Ao vislumbrá-lo, foi paz que você viu? O que o rosto de Deus lhe disse sobre como ele estava se sentindo? Ele estava feliz? Você não sabe, não é mesmo? Não há como saber, pois o próprio Deus afirmou no livro de Êxodo que nenhum homem pode ver sua face e continuar vivo.

Então, por que existem nas Escrituras tantas referências ao rosto de Deus? E por que Deus nos diz para buscar "sua face" (Sl 105.4; ECA)? Deus, sem dúvida, quer revelar-nos algo sobre si mesmo pelo entendimento da expressão, da aparência e do funcionamento do rosto.

O filme *Shrek* foi um notável trabalho de animação. Os produtores ficaram muito orgulhosos em conseguir atribuir mais "vida" aos personagens, ultrapassando todas as outras realizações do gênero. Foi interessante descobrir que a equipe de animação, só no rosto do personagem principal, trabalhou com mais de trezentos pontos de movimento. Em outras palavras, um rosto humano possui movimentos tão complexos que, para o rosto de Shrek ter uma aparência o mais humana possível, os artistas e programadores precisaram controlar os movimentos em mais de trezentos lugares. Eu não conseguiria apontar trezentos lugares em meu próprio rosto, mas isso dá uma idéia do quão complexo é um rosto.

> Somos, para o bem ou para o mal, nosso rosto.

Com Deus, não é diferente. Tudo o que Deus é encontra-se em seu rosto; logo, buscar sua face é procurar vê-lo. Agora, considerando que não podemos realmente ver Deus, ele deve ter tido algo mais em mente quando nos disse para buscá-lo e prometeu que o acharíamos. Quero examinar várias passagens para tentar esclarecer essa questão do rosto de Deus. Devo lembrá-lo neste instante, como o farei por várias vezes ao longo deste livro, que referências antropomórficas a Deus são feitas para nosso próprio bem. Dessa forma, qualquer análise da revelação sobre a anatomia de Deus precisa incluir uma resposta do homem a essa revelação. Em outras palavras, não queremos procurar compreender algo sobre o rosto de Deus, sem considerar, nesse contexto, as expectativas de Deus para nós.

A face de Deus é mencionada por toda a Bíblia, mas nos concentraremos principalmente nos Salmos, que trazem as mais intensas descrições pessoais dessa busca do homem por Deus. Os Salmos são nossas emoções expostas e vulneráveis diante de Deus e do homem. Se os deixarmos, eles revelarão todo o mal oculto em nosso coração competindo com a verdade da misericórdia e da graça de Deus. Nem sempre sinto-me à vontade com os Salmos. Por vezes, eles me mostram mais do que quero ver. No entanto, eles também expõem diante de mim um glorioso retrato da multifacetada natureza de Deus, uma refinada representação, em especial, de seu rosto.

> Tudo o que Deus é encontra-se em seu rosto.

Uma audiência com o Senhor

> O Senhor é a minha luz e a minha salvação; a quem temerei? O Senhor é a força da minha vida; de quem me recearei? [...] Pois no dia da adversidade ele me esconderá no seu pavilhão; no oculto do seu tabernáculo me esconderá, e pôr-me-á sobre

> uma rocha. Então a minha cabeça será exaltada sobre os meus inimigos que estão ao redor de mim; pelo que oferecerei sacrifício de júbilo no seu tabernáculo; cantarei, sim, cantarei louvores ao Senhor. Ouve, ó Senhor, a minha voz quando clamo; tem compaixão de mim, e responde-me. Quando disseste: Buscai o meu rosto; o meu coração te disse: O teu rosto, Senhor, buscarei. Não escondas de mim a tua face, e não rejeites ao teu servo com ira; tu és a minha ajuda. Não me deixes nem me desampares, ó Deus da minha salvação (Sl 27.1,5-9; ECA).

Esse é um dos salmos de Davi. Ele disse [numa tradução livre]: "Senhor, quando clamar a ti, ouve e tem também piedade de mim. Tem piedade de mim porque quando disseste: 'Buscai o meu rosto`, meu coração disse: 'O teu rosto, Senhor, buscarei`". Ao salmista, foi dito que buscasse o rosto de Deus. Isso já é, em si, uma revelação da vontade de Deus. Ele deseja que eu e você sejamos pessoas que busquem a face de Deus, que estejam ansiosas por ver o rosto de Deus.

A expressão "buscar a face de Deus" possui diversas conotações. A primeira e mais óbvia se refere a tentar uma entrevista pessoal com Deus. Davi chamava isso de perguntar por Deus em seu templo. O templo de Deus é qualquer lugar onde haja a presença de Deus. Portanto, "buscar a presença de Deus" representa uma pessoa indo à casa de Deus para estar com ele.

Em Salmos 27.7, Davi diz que, quando clama por Deus, pretende que o Senhor tenha misericórdia dele. Quando procuramos estar com Deus, precisamos instantaneamente de misericórdia, pois, como já disse, a Bíblia afirma que homem algum pode ver a face de Deus e sobreviver. Jacó ficou aturdido por "contemplar a face de Deus" (Gn 33.10) e não cair morto. É claro que Jacó não viu a face nua de Deus. Não poderia suportar. A face de Deus, a essência da glória de Deus, foi, portanto, amenizada pelo filtro de seu amor e misericórdia. A plenitude de seu esplendor foi coberta por sua bondade e graça. A misericórdia de Deus permanece em ação 24 horas por dia, sete dias por semana e 52 semanas por ano, pois ele quer que vejamos sua face.

Buscar implica desejar algo com sinceridade. Nesse contexto, significa que uma pessoa quer sinceramente entrevistar-se com Deus. Foi por esse motivo que, quando Deus disse ao salmista para buscá-lo, a resposta foi: "Meu coração disse a ti: O teu rosto, Senhor, buscarei". A busca pelo rosto de Deus não é feita com os olhos, ou com qualquer outro sentido humano. Deus não deseja que você o busque, a menos que você o queira. Não são cristãos curiosos que ele procura. Ele não tem tempo para bisbilhoteiros. Não lhe agrada quem o busca "de passagem", entrando rapidamente só para dar um alô e dizer amém. Deus procura pessoas que possuem em seus corações um desejo sincero de encontrá-lo. Seu objetivo de vida é viver perante a face de Deus? Então, ele deseja que você o busque.

O salmo 24 apresenta outras exigências para buscarmos uma audiência com Deus. O salmo 24 faz parte de um grupo chamado "salmos de ascensão". Eram louvores para serem cantados quando o povo de Deus subia ao templo ou ia a Jerusalém para adorar a Deus. Se você for a Israel nos dias de hoje, verá que lá existe uma montanha. Sobre essa montanha, estão os restos do muro pertencente ao templo original. Existem degraus que levam até esse muro, os quais se estendem desde um vale. Para subir ao templo, os adoradores caminhavam, por vezes aos milhares, desde os confins do mundo conhecido da época, atravessando o vale até o pé da montanha. Paravam sempre ao pé da montanha, onde ocorria um ritual de louvor.

Imagine a cena: o povo seguindo a caminho do templo. Seguem para ter comunhão com Deus, estar com Deus, buscar sua face. Atravessam o vale e param ao pé da montanha. A seguir, um sacerdote diz o que se encontra em Salmos 24.3,4.

> "Quem poderá subir o monte do SENHOR?
> Quem poderá entrar no seu Santo Lugar?"

É um tipo de música em que um canta e outro responde, pois outro sacerdote devia dizer o versículo seguinte:

> "Aquele que tem as mãos limpas e o coração puro, que não recorre aos ídolos nem jura por deuses falsos"

Feita essa declaração, eles prosseguem pelos degraus até o templo, chegando à presença, ou à face de Deus. Daí a denominação "salmos de ascensão".

Quero que você veja aqui uma outra exigência para quem busca a face de Deus. Quem subirá à presença de Deus? A quem será permitido ver sua face? Àquele que possui mãos limpas e um coração puro. Muitos de nós, num momento assim, nos desculparíamos com os sacerdotes e diríamos: "Companheiros, podem subir as escadas sem mim. Estarei aqui esperando quando vocês voltarem". Se o requisito são mãos limpas e coração puro, você pode pensar que essa não é sua turma.

Todavia, "limpo de mãos e puro de coração" não é uma declaração de retidão, ou virtude. É uma declaração de que se *deseja* ser justo, virtuoso. Não era, propriamente dito, um requisito para se entrar na presença de Deus. O versículo 6 do mesmo salmo afirma que são esses os que buscam a face de Deus. Aqueles que desejam entrar na presença de Deus efetivamente entram em sua presença e, em conseqüência, têm as mãos e os corações purificados. Isso demonstra os padrões de Deus e os reconhece. Mas também faz menção ao fato de eu não poder satisfazer os padrões de Deus por conta própria. Necessito que Deus crie em mim um tal padrão. Não possuo mãos limpas e um coração puro, mas efetivamente busco a face de Deus. E, quando busco sua face, e ele admite minha presença por sua misericórdia, tenho as mãos limpas e o coração purificado. Não se trata de uma exigência. É o resultado de estar em sua presença, pois é o padrão de Deus sendo revelado a mim.

Ver o rosto de Deus é ter uma audiência com ele, de forma que ele pode nos relembrar do chamado para nossas vidas. Somos chamados para ter mãos limpas e um coração puro, o que significa sermos puros diante de Deus. Sermos virtuosos, ou corretos, diante de Deus é sempre uma combinação entre fatores internos e externos. Mãos limpas por fora; coração puro por dentro. Não é uma situação de opção, ou um ou outro. Não há opção alguma. Ambos os critérios precisam ser atendidos, tanto um como outro.

Retidão é uma vida de integridade e caráter, caráter perante os homens e integridade diante de Deus. Não se trata apenas do que acontece em meu íntimo, mas também do modo como levo minha vida perante o mundo em conformidade com os padrões de Deus. Para muitos de nós, o problema está em estabelecer padrões observando as pessoas. Nessa linha de pensamento, nossa preocupação já não é o quão limpas estejam nossas mãos, mas apenas que estejam mais limpas do que as mãos de uma outra pessoa. E, considerando que todos temos as mãos sujas, ninguém fica limpo. O único padrão válido é aquele estabelecido por Deus e revelado na presença de Deus. Encare isso. Não faz a menor diferença se eu posso pular três metros e você, seis. Se nós dois tentarmos pular sobre o Grand Canyon, ambos cairemos.

Deus deseja que você seja limpo por dentro e por fora. Ele não se interessa apenas pelo que você fala, mas também pelo modo como você anda; não apenas pelo que você pensa, mas também pelo que você faz; não apenas por suas crenças, mas também por seu comportamento; não só por princípios, mas também pela prática; não apenas pelo que você sabe, mas também por seu modo de agir, motivado pelo que você conhece. Mãos puras e um coração puro.

A propósito, Deus não pensa apenas em suas mãos e em seu coração individualmente. O versículo 6 do salmo 24 deixa isso claro: "Tal é a geração daqueles que o buscam, daqueles que buscam a tua face..." (ECA). Deus está sempre interessado em mais do que apenas você. Ele se interessa por gerações. Ele não admite você em sua presença para ensiná-lo, abençoá-lo e transformá-lo pelo seu bem unicamente. Ele se interessa por seus filhos, seus netos e bisnetos. Ele procura gerações que o busquem.

Vivemos em uma sociedade de pessoas absortas na busca de si mesmas. Vivemos escravizados pelo materialismo e pelo secularismo porque não fomos ensinados a buscar as coisas de Deus. Não temos dado prioridade às coisas de Deus. Mas se fizermos de Deus nossa prioridade e buscarmos estar em sua presença, ele nos mostrará como viver nossa vida para ele e como edificar gerações que façam o mesmo.

Conhecendo o auxílio de Deus

> "Buscai ao Senhor, e a sua força; buscai a sua face continuamente" (Sl 105.4; ECA).

Buscar a face de Deus é ter ou conhecer o auxílio dado por ele. O salmo 105 denota um relacionamento entre a face e a força de Deus.

Sua face está relacionada a sua ajuda, seu fortalecimento e seu socorro. Quando entramos em sua presença, compreendemos que os requisitos estabelecidos por ele não podem ser alcançados com nossa própria força. Não consigo viver conforme os desejos de Deus contando apenas com minha sabedoria e meu entendimento. Aliás, Provérbios nos adverte para não viver conforme nosso próprio entendimento, mas confiar na orientação e no auxílio do Senhor. Portanto, busco a face de Deus, e sua face me revela sua força.

Talvez a melhor forma de compreender o auxílio e a força de Deus, no contexto de buscar sua face, seja atentar para o que acontece quando sua face não está presente. Salmos 27.8 mostra o autor prometendo buscar a face de Deus. O versículo seguinte diz: "Não escondas de mim a tua face". Portanto, o Deus que pode revelar sua face também pode escondê-la. Tenho boas e más notícias para você nesse campo. A má notícia é que Deus pode esconder sua face de você. A boa notícia é que Deus pode esconder sua face de você. Sei que isso parece meio esquizofrênico. Mas nós seres humanos podemos chegar a esse ponto quando se trata do rosto de Deus. Não estamos absolutamente seguros de querer vê-la. Às vezes, damos essas reviravoltas com relação a Deus. Aborrecemo-nos quando ele se mete muito em nossos assuntos, como o casamento, a vida financeira e os relacionamentos. Se ele resplandece demasiado sobre nós, acaba se tornando um convidado inoportuno. Portanto, quando nos vemos no mundo por conta própria, queremos que ele se aproxime.

Veja o salmo 51. O rei Davi havia pecado perante o Senhor. Esse é o salmo de seu arrependimento. Observe principalmente o versículo 9:

> Esconde o rosto dos meus pecados e apaga todas as minhas iniqüidades.

Esse é o mesmo Davi cujo coração, no salmo 27, disse a Deus que o buscaria. Ele aqui pede a Deus que esconda seu rosto. Sei exatamente como ele se sentia. Você já fez algo, ou viu algo em si mesmo, que lhe deu vontade de dizer: "Senhor, não olhe para isso"? Já houve algo que você quisesse esconder e encobrir, porque não queria que Deus visse? Você já tentou varrer algo para baixo do tapete enquanto estava orando? Você pode não falar, mas mantém a esperança de que Deus nada saiba sobre aquilo ou apenas deixe passar em brancas nuvens.

No salmo 51, Davi afirma que seu pecado está sempre diante dele. Ele, porém, pede para Deus não olhar. O pecado estava bem na frente do rosto de Davi, mas ele queria que Deus virasse o rosto. Você consegue entender o que isso significa? Se algo está diante de você, e você pede a Deus que não olhe, você está, em essência, pedindo a Deus que não olhe para você. Não seja muito precipitado em pedir a Deus que não veja alguma coisa. Você pode estar pedindo a Deus que ignore você.

Davi afirmou que buscaria a face de Deus no salmo 27. No salmo 51, ele disse: "Não olhe. Esconda seu rosto". Agora veja o salmo 30.

> Eu te exaltarei, SENHOR,
>   pois tu me reergueste
> e não deixaste que os meus inimigos
>   se divertissem à minha custa.
> SENHOR meu Deus, a ti clamei por socorro,
> e tu me curaste.
> SENHOR, tiraste-me da sepultura;
> prestes a descer à cova, devolveste-me à vida.
> Cantem louvores ao SENHOR,
>   vocês, os seus fiéis;

louvem o seu santo nome.
Pois a sua ira só dura um instante,
mas o seu favor dura a vida toda;
o choro pode persistir uma noite,
mas de manhã irrompe a alegria (v. 1-5).

Davi prestava seu testemunho aqui. Tudo bem. Agora veja o próximo versículo.

Quando me senti seguro, disse:
Jamais serei abalado! (v. 6).

Interpretação: "Depois de teres me abençoado, eu disse: 'Posso cuidar de tudo daqui para a frente`". Davi estava dançando, cantando e louvando ao Senhor por ouvir seu clamor, por libertá-lo, curá-lo, tirá-lo da sepultura, livrá-lo dos inimigos e ajudá-lo a suportar noites de pranto. Depois, ao sentir-se seguro, decidiu que as coisas já estavam bem. Deus já podia ir embora, tirar uma folga e voltar para o céu. "Bom trabalho, Deus. Eu o chamo se precisar." Próximo versículo:

... quando escondeste a tua face,
fiquei aterrorizado (v. 7).

Após seu sucesso, Davi tornou-se imponente. Após ser abençoado, curado e resgatado, decidiu que poderia cuidar de tudo sozinho e enfrentar as montanhas por conta própria. O Senhor o tinha estabelecido. Assim que ele disse: "Jamais serei abalado", Deus tomou uma atitude. Escondeu sua face de Davi, e Davi ficou aterrorizado.

Há uma descrição extremamente dramática da palavra hebraica para "aterrorizado". Ela significa estar em um local apertado. Quando Deus esconde sua face, esconde também sua força e seu auxílio. E isso coloca você em um local apertado, em uma situação difícil. Não dá para virar e correr quando você está em um lugar apertado. E esse lugar pode se tornar de tal forma estreito que você nem consegue levantar os braços. Tudo que lhe resta é gritar: "Ei, Senhor, olhe para cá, por favor!".

Você jamais quer que Deus esconda sua face de você. Sim, às vezes é difícil encará-lo. Quando se depara com o pecado, Deus precisa lidar com ele e com você. Mas, se ele virar o rosto para o lado, você fica preso a seu pecado e sem Deus. Que tal isso?

Quando Deus vira o rosto para o lado, não deixa apenas de olhar em sua direção. Ele ignora você, interrompe qualquer comunicação com você. Ele está retendo seu favor. Quando você o chama, ele age como se não ouvisse. Suas orações batem no teto e não vão adiante. Você já sentiu, em uma situação qualquer, que nem poderia entrar em contato com Deus? Sei que a maioria dos leitores deste livro são pessoas realmente espirituais, a quem não se aplica essa questão. Mas alguns de nós já estiveram em situações constrangedoras com Deus. Já tomamos decisões erradas, fizemos bobagem, seguimos a pessoa errada, entramos pelo caminho errado e fomos para tão longe de Deus que nos sentimos até impossibilitados de chamá-lo. Tudo o que nos restou fazer foi esperar que Deus, em sua misericórdia, olhasse em nossa direção. Demos-nos conta de que, quando ele esconde sua face, ficamos numa grande encrenca. No entanto, às vezes precisamos que Deus esconda seu rosto. Doutra forma, continuaríamos administrando tudo por conta própria, sem jamais saber que corríamos perigo. Deus precisou esconder seu rosto para que acordássemos.

Salmo 27: "Buscarei sua face". Salmo 51: "SENHOR, não olhe para cá. Esconda sua face". Salmo 30: "Quando escondeste a tua face, fiquei aterrorizado". Passemos agora ao salmo 69.17:

> Não escondas do teu servo a tua face;
> responde-me depressa, pois estou em perigo.

Se estivesse no lugar de Deus, eu diria: "Será que você pode se decidir? O que quer que eu faça agora?!". Gosto muito desse versículo. "Por favor, Senhor, não escondas do teu servo a tua face." Oh, agora trata-se de um servo. Não é singular o modo como Deus nos abate? Podemos ser bastante soberbos algumas vezes. Depois, quando nos vemos encrencados, nos tornamos tão humildes. "Olá? Senhor? Mil perdões, Todo-Poderoso. Aqui é seu humilde servo, ó Pai. Lembra-se de mim? Por favor, não esconda seu rosto de mim."

Eu amo a Palavra de Deus. Veja a seqüência: "Buscarei sua face, Senhor"; "Senhor, esconda sua face"; "Quando escondeste tua face, fiquei aterrorizado"; "Senhor, por favor, não esconda sua face. Estou com problemas!".

Quando Deus esconde sua face, você está com problemas. Você tem problemas quando ele retira sua proteção, revoga seu favor e recua. Será que ele abandona você? Não, o afastamento de Deus é uma reação ao fato de você tê-lo abandonado.

Sendo aceito por Deus

> O SENHOR disse a Moisés: "Diga a Arão e aos seus filhos: Assim vocês abençoarão os israelitas:
> "O SENHOR te abençoe e te guarde;
> o SENHOR faça resplandecer
>   o seu rosto sobre ti
> e te conceda graça;
> o SENHOR volte para ti o seu rosto
> e te dê paz. (Nm 6.22-26).

O que significa buscar a face de Deus? Significa procurar estar em sua presença. Significa conhecer sua força e seu auxílio. Significa também ser aceito por Deus.

"O SENHOR faça resplandecer o seu rosto sobre ti." Esse texto fala do favor de Deus. Quando a face de Deus resplandece sobre seus negócios, isso significa que seus negócios contam com o favor de Deus. Quando Deus faz sua face resplandecer sobre seu lar, sua família é coberta pelo favor dele. Observe que é Deus quem faz sua face resplandecer. Trata-se de um ato deliberado, precedido por um desejo do coração. Quando você deseja buscar a face de Deus, é uma escolha feita pelo coração. Da mesma forma, Deus escolhe fazer sua face brilhar sobre você. Ele escolhe lançar luz em sua direção.

"Resplandecer" fala especificamente sobre o brilho do Sol. Logo, a benção passada a Moisés para ser proferida sobre os israelitas foi: "Que o favor e a misericórdia de Deus irradie sobre tua vida". Trata-se da declaração de um desejo, cuja função é fazer você saber que é aceito perante a face de Deus e que essa aceitação é visível. Dizer que a face de Deus resplandecerá e comparar sua face ao brilho do Sol é uma alusão ao fato de a face de Deus estar sempre brilhando. Não é como se esse brilho fosse ora interrompido, ora aceso novamente. Não. É o Sol. O Sol nunca se apaga. Está sempre brilhando em algum lugar.

O versículo 26 acrescenta ainda mais benção ao dizer: "O Senhor volte para ti o seu rosto". Isso assemelha-se ao nascer do sol. Por que é importante? Em primeiro lugar, a idéia do nascer do sol denota que, embora o Sol esteja sempre brilhando, não é sempre que você o vê. Atravessaremos períodos em que não poderemos ver o brilho da face de Deus. Isso não ocorrerá porque Deus está aborrecido conosco, mas porque em alguns momentos nós simplesmente não podemos vê-lo.

Se você está lendo este livro sob luz natural, cedo ou tarde ficará escuro onde você se encontra, mas não porque o Sol deixou de brilhar. Ele brilha em outro hemisfério. Por vezes, ficará escuro em seu caminhar espiritual. Isso não se deve ao fato de Deus ter desviado o rosto de você. Não importa o tamanho de sua Bíblia ou o quão afinado é seu louvor. Não fará diferença a beleza de suas orações, há quanto tempo você é salvo ou se você fala línguas. Você pode citar as Escrituras até Jesus voltar, que ainda estará escuro. Isso ocorre tão-somente porque é noite. E quando a noite chega, fica escuro.

A noite nem sempre é confortável, mas é necessária. Noite é aquele momento de sua caminhada espiritual em que é posto à prova tudo que você sabe ser verdade a respeito de Deus. Você será testado e posto à prova durante a noite. Chorará, tal qual Davi. Não verá a face de Deus, mas precisará acreditar que ele não o deixou nem abandonou. Não desanime, pois assim como podemos estar certos de que a noite vem, ela com o tempo se vai. Desde o início do mundo, a manhã tem sucedido a noite. Basta esperar.

Se você esperar durante a noite, por mais escura que ela seja, o Sol cedo ou tarde surgirá. Não importa a força da tempestade, se você puder suportá-la durante a noite. Por mais sombria que ela seja, por piores que pareçam as coisas, agüente firme. Solitário ou no meio de uma multidão, agüente firme. Sua noite pode ser um pouco mais longa que a de outra pessoa — você pode estar tentando atravessar uma daquelas noites do Alasca que parecem eternas, mas, se puder, basta confiar na fidelidade do Sol. Ele alguma vez falhou em nascer na hora exata?

Quando a face de Deus resplandecer em sua vida, algumas pessoas farão a pergunta errada. Perguntar-lhe-ão qual era a aparência de Deus quando lhe foi dado ver sua face. Essa não é a pergunta correta. A questão não é a aparência de Deus no momento em que você o viu. A questão é a seguinte: como ficou sua aparência após você ter visto Deus? Veja, Moisés subiu ao topo do Monte Sinai e viu a face de Deus. Como já disse, não foi a glória nua e descoberta de Deus, mas estava coberta e envolta pela fragrância de seu amor. Ao descer da montanha, a Bíblia conta que a face de Moisés brilhava. Você viu isso? Quando Deus resplandece sobre você, faz com que você brilhe.

Você já deu um abraço tão forte em uma mulher a ponto de a maquiagem dela passar para você? Certo dia, minha mulher beijou-me e, logo depois, entrei numa sala onde estavam outras pessoas. Umas duas viram a marca de batom e se adiantaram para limpá-la, julgando me fazer um favor. Não pude permitir isso. Lembro-me de que não quis retirar aquele beijo, porque me trazia recordações agradáveis. Queria que aquela lembrança durasse o máximo possível.

> A questão é a seguinte: como ficou sua aparência após você ter visto Deus?

Quando você entra na presença do Deus vivo e ele sorri para você, parte do brilho dele passa para você. Mesmo após ter se ocupado de seus outros assuntos, você ainda estará brilhando. Pode ter entrado na presença do Senhor sem um centavo no bolso, mas você brilha, filho de Deus. Pode estar enfrentando lutas e aflições, mas ainda assim você brilha. Pode estar sozinho em uma situação difícil, mas continua brilhando.

Quando Deus ergue o rosto em sua direção, isso significa que ele está sorrindo. Quero fazer Deus sorrir. Quero viver minha vida de forma a fazer Deus sorrir quando olhar para ela. Seu sorriso indica satisfação e aceitação. Seu sorriso. Você já pensou no quanto podemos transmitir com um sorriso? Pais e mães realmente ligados a seus filhos não precisam usar muitas palavras. Vez ou outra, um pai ou uma mãe, ao lado da cama do filho enfermo, precisam reunir todas as forças para sorrir e transmitir à criança que tudo ficará bem. Há algo especial no sorriso de uma mãe ou de um pai. Algo que espanta o medo. Há algo de especial no sorriso que você consegue de seu filho. Há algo de especial no sorriso de minha esposa.

Que o Senhor abençoe você e o sustente. Que o Senhor faça resplandecer seu rosto sobre você e lhe conceda graça.

Oro para que você veja o sorriso de Deus.

Ele me observa: os olhos de Deus

Quando entro em pânico, fujo.
Quando fujo, me perco.
Quando me perco, Deus espera.
Quando eu espero, ele combate.
Quando ele combate, eu aprendo.

CHARLES SWINDOLL, *THE TALE OF THE TARDY OXCART*
[*O CONTO DA CARROÇA VAGAROSA*]

O mundo mudou enquanto este livro era escrito. Em 11 de setembro de 2001, a lâmina do terrorismo penetrou perversamente o semblante de serenidade aparentemente impecável dos Estados Unidos. Tanto foi escrito e dito sobre os milhares que morreram, os milhões que ainda lamentam e a economia, um dia estável, mas que agora cambaleia. E os heróis — tantos heróis — criados, estimulados e manifestados por essa calamidade que ainda repercute. Minha tendência seria deixar quaisquer comentários para os especialistas, políticos, sacerdotes e pregadores. Pessoas que conseguem explicar e esclarecer esse assunto com segurança e sabedoria notória, respondendo perguntas como: "Por quê?", "O que acontecerá agora?", e "Que rumo tomaremos?".

Não me encontro entre eles. Não possuo um monte de respostas. Devo admitir que me sinto tentado a reter comigo minhas medíocres observações e interpretações, deixando apenas uma questão que me tem atormentado desde aquele dia.

Deus, você viu aquilo?

Não há nada mais que eu queira saber. Não preciso saber por que aquelas crianças precisavam perder seus pais. Isso me entristece, mas não preciso saber o porquê. Não preciso saber que rumo tomaremos agora. Para ser honesto, já tenho bastante dificuldade em lidar com o dia-a-dia. Alguém abriu um envelope ontem, e hoje está morto. Hoje, houve outra ameaça terrorista. Hoje, vinte mil homens e mulheres perderam seus empregos. O hoje está dando cabo de mim. Neste momento, pensar sobre o amanhã é muito para mim. Mas preciso saber, por minha sanidade e paz de espírito: "Senhor, você viu aquilo? Você *viu*?".

Luto com essa questão. Brigo com ela, pelejo com ela, e acabo por perceber que não sou o único envolvido nessa luta. A questão tem me segurado tão firmemente quanto eu a ela. Ó, meu Deus. Sim, Senhor. Obrigado, Senhor.

Você tem esperado que façamos essa pergunta. Tem aguardado que abramos nossa boca a fim de perguntar o que poderia nos tornar pouco menos que santos. Tem esperado que perguntemos o óbvio, a pergunta que somente uma criança faria.

Deus, você viu aquilo?

Os olhos de Deus são uma característica incontroversa para o crente. É lógico que Deus possui olhos. Ele precisou enxergar para criar o mundo e governar o universo. Mas o que significa dizer isso? Pessoas cegas têm olhos. Pessoas que usam óculos têm olhos. Alguém que o evita possui olhos. Alguém que o ignora possui olhos. Pessoas adormecidas possuem olhos. Pessoas que não conhecem você e formaram uma opinião negativa a seu respeito têm olhos. Aqueles que não amam você têm olhos. O que significa dizer que Deus tem olhos? Se ele não vê você, não faz a menor diferença.

Ao apreciar essa questão, quero que você compreenda que os olhos de Deus, assim como ele, são espírito. Deus enxerga de forma espiritual. Nossos olhos captam luzes, formatos e profundidade de diversas formas. Tudo isso é processado em nosso cérebro. O cérebro, portanto, nos diz o que vemos, e é nesse momento que "enxergamos". Os olhos de Deus vêem, ponto final. Eles olham, processam e reconhecem; tudo ao mesmo tempo. Deus não precisa pensar sobre o que está vendo. Ele não precisa virar as coisas de cabeça para baixo ou do avesso para compreendê-las completamente. Ele sabe tudo sobre algo no mesmo instante em que o vê.

Não tenho tempo para profundos discursos teológicos sobre como Deus, que vive à parte do tempo, já enxergava desde antes da fundação do mundo o que vê hoje em dia. Isso confundiria sua cabeça. O propósito deste livro é abordar o Deus que escolhe revelar-se no âmbito da compreensão e do intelecto humano. Assim, examinaremos os olhos de Deus sob o modelo da mecânica da visão humana.

Como Deus olha, processa e compreende no instante em que vê, ao falarmos sobre os olhos de Deus, estamos, na verdade, falando sobre sua onisciência. Deus não vê apenas as características físicas daquilo que olha, mas também as intelectuais, espirituais e sociais. Sabe como aquilo que vê se relaciona com o mundo e as pessoas a seu redor. Também sabe como aquilo influenciará e será influenciado por todas as coisas e pessoas no futuro. Tudo isso, e muito mais, diz respeito às faculdades visuais de Deus.

Quero fazer uso de três categorias mais amplas para lidar com os olhos de Deus. Quero examinar como ele nos enxerga, como nos vê e como procura por nós. Isso talvez pareça estar de trás para frente, uma vez que, afinal de contas, primeiro procuramos, a seguir olhamos, e depois enxergamos. Mas quando se trata de Deus, sentimos conforto em saber que ele nos vê; responsabilidade, em saber que olha para nós; e segurança em saber que ele procura por nós. Talvez seja uma percepção extremamente pessoal, mas prefiro sentir o conforto de sua proximidade e, depois, me esforçar para me sentir a salvo quando ele parece estar longe. Talvez não seja seu caso, mas é tudo o que preciso nesse instante. Preciso saber que ele me vê.

Ao falarmos sobre os olhos de Deus, estamos, na verdade, falando sobre sua onisciência.

Olhos que me vêem

No SENHOR me refugio.
Como então vocês podem dizer-me:
  "Fuja como um pássaro para os montes"?
Vejam! Os ímpios preparam os seus arcos;
colocam as flechas contra as cordas
para das sombras as atirarem
  nos retos de coração [...]
O SENHOR está no seu santo templo;
  o SENHOR tem o seu trono nos céus.
  Seus olhos observam;
seus olhos examinam os filhos dos homens (Sl 11.1,2,4).

O Deus que vê é onisciente, considerando que os olhos de Deus tudo vêem e, portanto, tudo sabem. As Escrituras citam com freqüência ídolos, ou aqueles que adoram ídolos, mencionando repetidas vezes que esses ídolos, estátuas feitas à mão, possuem olhos mas não podem ver. O homem constrói seu próprio deus e coloca olhos nele, numa tentativa de fazer Deus a sua própria imagem. Dizer que o ídolo não pode ver é uma extensão dessa verdade, visto que somente alguém cego para a presença de Deus entalharia um ídolo e o colocaria adiante de Deus.

Davi, no entanto, proclamava a verdade sobre o Deus eterno e onipotente que servia, afirmando que adoramos um Deus que não apenas possui olhos, mas cujos olhos enxergam. Esse salmo em especial é uma clara ilustração de como operam os olhos de Deus e de como eles vêem.

Em primeiro lugar, o salmista mostra que Deus pode nos ver no contexto de um infortúnio. O ímpio preparava-se para atingi-lo. A versão *Almeida Fiel* traz o termo "às escuras" em lugar de "das sombras". A idéia é um clima de terror, amargura e desesperança. A situação de Davi, o rei conquistador de Israel, era grave. Muitos estudiosos acreditam que ele estava fugindo ao escrever esse texto. Alguns crêem que ele fugia de Saul, que estava determinado a matá-lo e destruí-lo. Outros imaginam que o texto tenha sido escrito enquanto Davi fugia de Absalão. Em qualquer caso, é óbvio que Davi estava sendo atacado. Enfrentava uma situação na qual identificava o inimigo apontando-lhe flechas, atacando-o na escuridão.

Davi estava com medo. Ele não era paranóico; aquela era uma situação real. Havia pessoas que queriam vê-lo morto. Pode-se afirmar que a menção a arco e flecha é relevante nesse contexto, visto que é possível considerá-las armas de covardes, que permitem ao atacante evitar a confrontação direta ao atingir o adversário à distância. De certa forma, o texto apóia essa visão, visto que o inimigo mencionado tenta travar a batalha "às escuras" ou "das sombras".

Examinemos a situação. Davi era atacado por um inimigo, que não conseguia enxergar, e atingido por flechas, que não podia ver. Ele estava na escuridão, o inimigo estava na escuridão, e as flechas estavam na escuridão. Você já foi atacado dessa forma? Como se já não fosse ruim o bastante ter um inimigo, as trevas trazem outros elementos à situação. Implicam você não identificar o inimigo, não ter conhecimento de sua aparência, não saber a que distância se encontra nem se ele está ou não ao seu redor. As trevas ocultam o tamanho e a direção das flechas. Você sabe que se encontra numa situação tensa e perigosa. Quer se defender, mas não pode ver do que precisa se defender.

Em segundo lugar, Davi descreve um Deus que pode vê-lo em sua tentação. A tentação identificada na passagem é bastante sutil, mas inconfundível. O inimigo o atacava nas trevas, de onde se ouvia: "Fuja como um pássaro para os montes". Em meio à provações, aumentam as probabilidades de surgir a tentação. A voz dizia para Davi fugir. "Saia daqui. Essa situação não tem solução. Não há como derrotar esse inimigo. Fuja!"

A provação criara um ambiente assustador. Essa tentação confirma a incerteza que surge numa provação. Davi disse: "Como então vocês podem dizer-me...". Quem são esses "vocês"? Dispomos de várias opções. "Vocês" poderiam ser os inimigos. Aqueles que desejam destruí-lo mandam que fuja para as montanhas. A questão é a seguinte: em uma batalha, principalmente na terra natal de Davi, o inimigo muitas vezes espreitava das montanhas. Assim, seria proveitoso para o inimigo forçá-lo a fugir para longe do lugar a que estava familiarizado, indo direto para suas garras.

Já se viu diante de um problema, percebendo que um único erro poderia tornar sua situação ainda pior? Se o inimigo tentá-lo a fugir de sua prova, pode estar certo de que suas intenções são afastá-lo de Deus, induzindo-o a ir direto para suas mãos.

"Vocês" poderia ser Deus. Existem momentos em que Deus realmente lhe diz que fuja. Não seria próprio de seu caráter orientá-lo a isso, nem tanto por você não conseguir lidar com a situação, mas porque seu livramento pode estar em outro lugar. Ficando onde está, você pode perder uma bênção. Continuar nesse lugar pode não estar nos planos de Deus. Quando Deus manda você fugir, talvez queira evitar que caia em algum pecado contra o qual você não teria defesas. Lembra-se de José, não é mesmo?

Quando aquela mulher, Potifar, pôs suas mãos sujas e asquerosas em José, a Bíblia diz que ele saiu correndo. Pode chamá-lo de covarde, mas aquele irmão correu. Aliás, correu tão rápido que deixou suas roupas nas mãos dela. Às vezes, é melhor ficar nu e constrangido perante os homens, que bem-vestido e envergonhado diante de Deus.

Outra possibilidade é que "vocês" sejam amigos bem-intencionados. Por vezes, pessoas que verdadeiramente se preocupam conosco vêem nossa situação e, sem verificar com Deus, chegam à conclusão de que não podemos lidar com ela. Determinam que a única atitude de bom senso é fugir. Infelizmente, bom senso humano nem sempre combina com os desígnios de Deus. Podem ter decidido assim porque, ao enfrentar a mesma situação, fugiram, ou acreditam que correriam se estivessem naquelas circunstâncias. Mas não vivemos segundo a sabedoria humana. Tiago afirma que, às vezes, a sabedoria do homem pode ser carnal e demoníaca.

Por fim, "vocês" pode referir-se tão somente a você. Davi poderia estar falando com Davi. Já tentou conversar consigo mesmo devido a uma situação ruim, argumentando que não deveria passar por tal sofrimento ou tal dificuldade? Já aconteceu de você se sentar e, com todo carinho, preparar um convite escrito à mão, com monograma, laçarote e todo requinte para sua própria reunião de apoio? Você convidou a si mesmo e ainda foi o convidado de honra. Dançou consigo mesmo, conversou e contou como as coisas estão ruins. Depois, afirmou a si mesmo que não precisava passar por aquilo. Indignado, disse a si mesmo: "Você tem de sair dessa confusão. Precisa fugir". E concordou consigo mesmo.

Algumas vezes, dizemos a nós mesmos que a santidade é um preço muito alto a ser pago. Ser casto é por demais solitário. Precisamos fugir. Outras vezes, essa voz nos diz que o chefe não notará se alguns pequenos itens sumirem. Em outras palavras, precisamos fugir de nossa integridade. Já ouviu uma voz lhe dizendo que fugisse da solidão de ser o único cristão no local de trabalho?

Deus nos vê em nossas provações. Também nos vê em nossas tentações. Mas como podemos saber disso? Davi disse que estava escuro. Como podemos saber se o Senhor vê na escuridão? Veja o texto abaixo.

> Mesmo que eu diga que as trevas
> me encobrirão,
> e que a luz se tornará noite ao meu redor,
> verei que nem as trevas são escuras para ti.
> A noite brilhará como o dia,
> pois para ti as trevas são luz (Sl 139.11,12).

Amo esses versículos. Quero que você veja duas coisas aqui. Primeiro, e o mais evidente, é o fato de trevas ou luz não fazer a menor diferença para Deus, que vê com seu espírito. Seus inimigos podem se esconder nas trevas, mas não de Deus. Segundo, a noite se torna dia a seu redor. Mas espere um pouco! Como a noite se torna dia? O que liga a luz nos momentos escuros de sua vida? A fé é o interruptor divino que existe em cada crente. "A fé vem pelo ouvir a mensagem, e a mensagem é ouvida mediante a palavra de Cristo" (Rm 10.17). Quando em trevas, pode-se contar apenas com as palavras já ouvidas de Deus. Se prometeu jamais abandoná-lo ou se afastar, ele deve estar com você na escuridão. Se ele disse que nenhuma arma prosperaria contra você, aquelas flechas que vêm das sombras podem até acertá-lo, mas não o matarão. Se ele disse: "Resistam ao Diabo, e ele fugirá de vocês" (Tg 4.7), erga-se na escuridão e chame o diabo de mentiroso.

A Palavra de Deus é "lâmpada que ilumina os meus passos e luz que clareia o meu caminho" (Sl 119.105). A Palavra ilumina seu caminho na escuridão, mas é interessante observar como ela funciona. Não torna todas as coisas visíveis para você, mas apenas lhe diz onde tudo está. Quando você está envolto pela escuridão, pode não ser capaz de ver o inimigo, mas a Palavra lhe dará as coordenadas dele. Desse modo, você saberá sua posição em relação à dele. Ainda não deu para entender? Vejamos se posso tornar isso mais claro.

Morcegos não vêem. No entanto, coloque-os numa sala cheia de mobília; eles poderão voar o dia inteiro sem bater em nada. Os morcegos possuem um extraordinário sentido de audição. As ondas de som refletem em todos os objetos e, pela audição, eles conseguem conhecer tanto a distância que os separa de algum objeto como a forma e a densidade desse objeto. De forma semelhante, o Espírito de Verdade que habita em você — e a Verdade é a Palavra — lhe trará todas as recordações necessárias para que seja possível sobreviver à escuridão. Você pode pensar em desistir, mas a Palavra de Deus diz que "a perseverança deve ter ação completa" (Tg 1.4). Pode querer entrar em pânico, mas a Palavra diz: "Não andem ansiosos por coisa alguma" (Fp 4.6). Pode se sentir sozinho, mas a Palavra diz: "[nada] na criação será capaz de nos separar do amor de Deus" (Rm 8.39). A Palavra lhe dirá se você foi parar na sarjeta devido a seu pecado ou se, na verdade, você está em seu Getsêmani, onde Deus passa você pela prensa antes que possa seguir seu destino. Se você crê, a Palavra torna todas as coisas visíveis a seu espírito. Sem fé, a Palavra não passa de um punhado de palavras em uma página.

O segredo para lidar com a prova e a tentação não é apenas saber que Deus vê a ambas, mas conhecer o Deus que as vê. Deus está sempre olhando não para a prova e a tentação, mas para você. E ele quer ver sua confiança. Vendo isso, ele removerá montanhas por você. Os olhos de Deus, que vêem tudo, podem ver se você confia ou não nele.

Davi disse: "No Senhor confio" (Sl 11.1; ARC[1]). Essas são as primeiras palavras do salmo. Não estão aí por acaso. Antes da provação, antes das trevas, antes das flechas e antes da tentação de fugir, Davi coloca sua confiança no Senhor. Primeiro, a confiança; depois ele prossegue contando como foi atacado pelo inimigo. É como se tentasse tornar a situação compreensível, pois não sabia explicá-la de forma precisa. E, em sua confusão, ouvia uma voz lhe dizendo que jogasse a toalha e fugisse.

Essa seqüência lhe soa familiar? Você põe sua confiança em Deus, a seguir vem o ataque. Não se conduzia tão mal enquanto estava no mundo, mas, depois, você decidiu pôr sua confiança em Deus. Tudo era maravilhoso, espiritual e empolgante... mas, depois, as trevas pareceram surgir do nada. Você, no entanto, já tinha posto sua confiança em Deus. Teve a impressão de que, tão logo decidiu levar uma vida santa, o inferno caiu sobre você. Quer saber de uma coisa? Foi exatamente isso que aconteceu.

[1] *Almeida Revista e Corrigida.*

Você não imaginou que Satanás desistiria de você sem lutar, não é mesmo? Não pensou que ele assistiria sentado enquanto você destruía os portões do reino dele com o poder de seu ministério, ou pensou? Sei que você pensa que ele não tentará derrotá-lo a cada oportunidade. No entanto, ele deveria tê-lo atacado antes que Deus visse sua confiança.

Pense nisso. Deus viu sua fé antes de ter visto você na escuridão. Contar-lhe-ei um segredo: ele permitiu que viessem as trevas a fim de fazê-lo perceber o que ele vê. Ele vê uma pessoa com fé suficiente para ouvir sua voz na escuridão; uma pessoa que sabe como ficar em paz em meio às trevas; alguém consciente de que o amor perfeito espanta o medo nas trevas. "Fuja como um pássaro" (Sl 11.1). O diabo nem sabe o quanto Deus ama sua vida! Jesus disse que, para Deus, você é mais valioso do que um pássaro. E Deus é um refugio muito superior a "montes". Os olhos de Deus me vêem. Vêem minha provação e tentação. Mas antes de tudo, vêem minha confiança.

Salmos 11.4 diz que os olhos de Deus "observam". Uma tradução mais exata do tempo verbal seria: "Seus olhos estão observando". Ele está vendo. Ele continuará vendo. Seus olhos examinam continuamente minha vida. Isso significa que Deus não está apenas dando uma olhada em mim, mas que tem seus olhos fixos em minha vida. A palavra significa literalmente "cortar, dissecar ou separar". Deus atravessa tudo que há em minha vida, concentrando-se em minha pessoa.

É aqui que as pálpebras de Deus entram em ação. Salmos 11.4 (ECA) diz que as pálpebras de Deus "provam" os homens. É uma brilhante representação de alguém estreitando os olhos para ver melhor. Deus aperta os olhos para examinar cada detalhe íntimo de minha vida. Seu exame penetra os menores, mais escuros e mais recônditos pontos de meu coração. Expõe em mim detalhes que nem eu mesmo conheço. Você talvez esteja imaginando por que um Deus que pode ver tudo precisaria apertar os olhos.

A imagem de Deus apertando os olhos tem a função de fazer-nos compreender o contexto do salmo e, por extensão, nossa situação. Ao apertar os olhos, pequenos detalhes, porém importantes, tornam-se visíveis ao olho humano. Não apertamos os olhos para ver o que não nos importa. Quando Deus aperta os olhos, está deliberadamente permitindo que passemos por uma provação, a fim de perceber algo que pensávamos ser pequeno e insignificante, mas que está estragando nossa vida. As pálpebras de Deus, ou seja, o exame minucioso de Deus, prova o homem.

As provações jamais ocorrem sem um propósito. Sempre trazem à baila comportamentos, emoções e hábitos que atrapalham nossa caminhada com Deus. Você pode pensar que ter raiva de seu pai não é grande coisa. Na verdade, você imagina que já resolveu o assunto. Mas Deus vê uma pequenina e assustada garotinha se protegendo no canto de seu coração. Quando ele aperta os olhos e permite que algo aconteça para conscientizá-lo daquela dor, você também a vê. Aquelas "mentirinhas inofensivas" que você conta podem não ser grande coisa para você, mas Deus permitirá que você seja provado por uma delas, considerando que ele deseja destruir esse espírito manipulador e enganador que há em você. Dentro de você, sua própria natureza trava uma guerra com esse espírito. Deus não aperta os olhos para ver melhor, ele faz isso para que *você* veja melhor.

O maior de todos os consolos pode ser encontrado na imagem das pálpebras de Deus. Sim, elas testam você, e nem sempre isso é agradável. Mas Deus jamais faz você passar por uma prova que não lhe tenha ensinado a superar. Lembra-se daqueles olhos que vêem sua confiança? Ele sabe no que consiste sua confiança, logo, não o testará em algo que não tenha aprendido a respeito dele.

Quando estava na sexta série, minha professora era Thelma Jean Nickerson. Quando dava um teste, ela primeiro ordenava: "Tirem tudo de cima da mesa" e, a seguir, acrescentava: "Permaneçam olhando para a frente". Ela enfim passava os testes e falava: "Podem começar". Virávamos nossas folhas e púnhamos mãos à obra. Ela se sentava e ficava nos observando, enquanto choramingávamos e rangíamos os dentes. Éramos atormentadas bolinhas de ansiedade, puxando o rabo-de-cavalo ou coçando a cabeça. Ela apenas nos olhava com um sorrisinho de satisfação, parecendo dizer: "Estão esperando o quê? Andem logo e acabem isso para que eu possa ir para casa".

A professora, depois, fazia algo peculiar. Levantava e começava a caminhar entre as carteiras, observando cada estudante fazendo seu teste. Para mim, ela era a mulher mais malvada do mundo. Mas certo dia, a senhorita Nickerson me deixou pasmo. Surpreendeu-me de tal modo que até hoje não me esqueço daquele dia. Foi enquanto ela passava por minha carteira durante um daqueles terríveis testes. Bem, eu estava me esforçando, mas um problema em particular era muito difícil. E a senhorita Nickerson, caminhando ao lado de minha carteira, não ajudava em nada. Será que ela experimentava algum tipo distorcido de satisfação ao me ver suar?

Eu decidira chutar uma resposta. Imaginei que uma pequena chance era melhor do que nenhuma. Não sabia a resposta e para mim, parecia que ela não cairia do céu, portanto decidi marcar uma e encerrar o assunto. Estava a ponto de marcar a opção errada quando a senhorita Nickerson apontou com o dedo a resposta correta, e seguiu em frente.

Até hoje esse fato me deixa aturdido. A mulher que fez o teste voltou-se e deu-me a resposta de um dos problemas. De forma semelhante, Deus sabe quando enfrentamos um teste. Ele permitiu que o teste ocorresse e sabe todas as respostas. Quando você pensa que suas forças acabaram e está a ponto de desistir, ele permite que o Espírito Santo venha e lhe dê as respostas. Ele quer que você saiba que toda provação consentida por ele é como um teste em que a consulta ao livro-texto é permitida. A Bíblia possui todas as respostas necessárias, e você é livre para usá-la. Aliás, você é encorajado a usá-la. Somente um tolo faria um teste em que é permitido buscar auxílio nos livros sem levar o livro que contém todas as respostas.

Olhos que olham para mim

Quero lhe fazer uma pergunta: quando foi a última vez que alguém piscou para você? Tudo bem. Agora me responda o seguinte: o que significa uma piscadela? Algumas vezes, piscar quer apenas dizer que estou vendo você. Outras vezes, significa que estou vendo você e quero ver mais de você. Outras, ainda, que eu vi o que você fez e vou agir como se não tivesse visto, mas quero deixar claro que eu vi. Essa última é a piscadela dos olhos de Deus.

É muito reconfortante saber que Deus nos vê. Todavia, também pode ser extremamente incômodo saber disso. Queria que Deus não tivesse visto algumas das coisas que fiz. No capítulo sobre a face de Deus, vimos que Davi foi ousado o bastante para pedir ao Senhor que não olhasse alguns de seus atos. O conhecimento de que Deus me vê nem sempre me faz sentir querido e aconchegado — principalmente por saber que, embora seja visto por sua benevolência, sua retidão e justiça também me vêem. Portanto, ao pecar, corro o risco de ofender a santidade de Deus num dia em que sua misericórdia não esteja tão abundante quanto eu gostaria. Por isso é bom saber que, embora Deus me veja com seus olhos, existem momentos em que ele apenas olha, sem fixar os olhos. Todavia, nesses instantes, ele deixa claro que não está me ignorando ou desculpando. Está apenas me dando uma colher de chá... por enquanto. É nisso que consiste a piscadela.

O conhecimento de que Deus me vê nem sempre me faz sentir querido e aconchegado.

> Então Paulo levantou-se na reunião do Areópago e disse: "Atenienses! Vejo que em todos os aspectos vocês são muito religiosos, pois, andando pela cidade, observei cuidadosamente seus objetos de culto e encontrei até um altar com esta inscrição: AO DEUS DESCONHECIDO. Ora, o que vocês adoram, apesar de não conhecerem, eu lhes anuncio (At 17.22,23).

Use a imaginação. O apóstolo Paulo foi a Atenas, a um lugar chamado Areópago, com o objetivo de envolver os homens daquele lugar no que parecia ser um debate filosófico. O Areópago era um lugar na Grécia onde os grandes pensadores se reuniam e realizavam debates. Para dizer a verdade, o lugar ainda existe. Hoje em dia, há na Inglaterra um lugar chamado Speakers Corner [Esquina dos Oradores] que funciona de modo semelhante. As pessoas vão até lá, sobem em uma escada ou caixote, dizem o que querem e discutem seus argumentos. Embora sejam parecidos, Speakers Corner não chega aos pés do Areópago. Aquele lugar era conhecido pela capacidade intelectual de seus oradores.

Certo dia, Paulo apareceu por ali e falou. Fez um discurso no qual pretendia apresentar-lhes o Deus vivo e verdadeiro. Disse-lhes que vira uma inscrição na qual se lia: "Ao Deus desconhecido". A seguir, se ofereceu para apresentar-lhes esse Deus que não conheciam. Em seu discurso, que mais foi uma pregação, Paulo nos apresenta uma maravilhosa revelação sobre os olhos de Deus.

> "'Pois nele vivemos, nos movemos e existimos`, como disseram alguns dos poetas de vocês: 'Também somos descendência dele`. Assim, visto que somos descendência de Deus, não devemos pensar que a Divindade é semelhante a uma escultura de ouro, prata ou pedra, feita pela arte e imaginação do homem. No passado Deus não levou em conta essa ignorância, mas agora ordena que todos, em todo lugar, se arrependam" (At 17.28-30).

Veja que, ao passar por Atenas, Paulo não pôde deixar de reparar que a cidade estava cheia de ídolos. Até hoje podemos encontrar restos desses ídolos por toda a cidade. Paulo, portanto, decidiu ir ao lugar de maior circulação para, em essência, pregar o evangelho.

Começou a contar-lhes sobre Deus, o criador, que fez a nós todos com o mesmo sangue. Falou sobre o fato de toda humanidade ter a mesma origem. Destacou que até os poetas gregos afirmavam que somos descendência de Deus. Lá pelos versículos 28 e 29, Paulo já falava sobre como Deus não é semelhante a uma escultura de ouro, prata, pedra ou qualquer outro objeto que possa ser feito pela arte e imaginação do homem. Esse "Deus Desconhecido" é o único em quem vivemos, nos movemos e existimos. É esse o Deus, afirmou Paulo, que quero lhes apresentar. Trata-se de um Deus que deseja ser conhecido. No entanto, não é um Deus formado por mãos humanas.

Paulo prossegue explicando que Deus, por sua misericórdia, não levou em conta os tempos em que eles eram tentados a representá-lo com ídolos feitos por homens. Atribuía suas atitudes à ignorância. Ao serem qualificados como ignorantes, eles não se sentiram ofendidos pois; lembre-se, eram pensadores. Ser ignorante significa apenas desconhecer algo. Ansiavam por novas revelações e estavam abertos a elas, de modo que a ignorância era vista como uma oportunidade de aprendizado. Nesse aspecto, devíamos ser mais parecidos com eles.

A palavra grega usada por Paulo ao chamá-los de "ignorantes" é a mesma empregada para "desconhecido" em "ao Deus Desconhecido". Paulo explicou de maneira brilhante que o Deus Desconhecido, a quem erguiam altares, queria ser conhecido, mas não podia ser feito por mãos humanas. O povo daquele lugar não tinha consciência disso ao erguer seus ídolos; portanto Paulo explicou que, considerando o desconhecimento do povo, Deus não tinha levado em conta esse fato. Deus "piscou", ou "fechou os olhos" para a ignorância do povo.

Ora, piscar significa fazer vistas grossas. Deus ignorou o fato de a adoração a ídolos ofendê-lo. Ele, declaradamente, ficava bastante aborrecido com isso. Mas, ignorância do povo, ele ignorou devido à esse fato. A palavra significa literalmente "olhar para o outro lado". Isso não significa que Deus não viu nem tomou nota do que aconteceu. Ele apenas optou por não amaldiçoá-los, considerando o fato de que ainda não o conheciam. Com a chegada de Paulo, a situação mudaria.

Que Deus faz vistas grossas, ou perdoa o pecado, não significa de modo algum que ele o aprova, o desconhece ou não lhe dá importância. Muitos de nós chegam a essa conclusão, visto que Deus ignorou nosso pecado e nos deixou impunes. Todavia, dizer que Deus fez vistas grossas equivale a dizer que ele não nos puniu com a severidade que merecíamos. Como não nos dirigir sua ira, concluímos, vez ou outra, que o que fizemos pode não ter sido tão ruim. Mas isso não é verdade. O povo de Atenas violava os primeiros quatro mandamentos. Deus deixou passar algo que, em outros tempos, tinha sido motivo de morte. Deixou passar o que ocorrera, pois eles eram ignorantes. Mas agora...

Jamais deixe que um "mas agora..." o pegue desprevenido. Quando vir um "mas" ou "mas agora" em alguma parte, aquilo que acabou de ser dito já não tem valor ou foi revogado. Paulo disse que Deus estava disposto a esquecer isso, em virtude da ignorância do povo, "mas agora...". Essa declaração tinha dois sentidos. Em primeiro lugar, anulava o estado de ignorância. Eles já estavam conscientes do que faziam. Paulo lhes contara a verdade. Em segundo lugar, queria dizer que a época de vistas grossas tinha se encerrado. Tiago disse que, para ele, quem sabe que deve fazer o bem e não o faz, comete pecado. Isso não significa que você não possa pecar sem saber o que faz, mas que, se você sabe que algo é errado e não se detém, está pecando perante Deus de forma deliberada. Paulo conclamou os homens de Atenas ao arrependimento, pois o que fizessem daquele ponto em diante seria uma violação deliberada dos mandamentos de Deus, e Deus não fecha os olhos para isso.

Ele deixará passar sua ignorância, mas é bom você saber que deixá-lo ignorante a respeito de qualquer assunto não faz de modo algum parte dos planos de Deus. Não esqueça, ele é o Deus cujos olhos vêem todas as coisas. Ele pode deixar passar alguma coisa durante algum tempo, mas verá o momento exato em que você se conscientizar de seu pecado. Depois, ele o chamará ao arrependimento. Você pode ter escapado impune durante um longo tempo. Mas agora...

Os olhos que procuram por mim

Dizer que Deus procura por nós pode levar-nos ao equívoco de presumir que ele não sabe onde estamos. Poderia ser verdade se

Deus fosse humano. No entanto, a idéia de que Deus procura por nós torna mais intenso e grandioso seu desejo quase implacável de entrar em nossa vida. Uma interpretação mais exata de (procura) "por nós" seria dizer "para benefício nosso" ou "o melhor interesse nosso". É uma manifestação do desejo perseverante que vemos em Deus de influenciar nosso íntimo e o ambiente, a fim de trazer-nos mais para perto de sua vontade divina, em nosso benefício. Há uma ilustração bastante vívida e pitoresca de Deus nos procurando para nosso próprio benefício em 2Crônicas 16.9:

> Pois os olhos do SENHOR estão atentos sobre toda a terra para fortalecer aqueles que lhe dedicam totalmente o coração.

Tanto o comportamento como a intenção são evidentes nas Escrituras. Os olhos de um Deus interessado e carinhoso estão procurando. Ele procura no mundo inteiro, de um lado para outro, numa e noutra parte, por todos os lugares, sob cada pedra, em cada caverna. Ele não procura apenas por alguma coisa, mas também por algo para fazer. O objetivo de Deus, ou seja, fortalecer seu povo, é o que o motiva a procurar. Esse é o quadro de uma busca incessante. Deus está procurando e não parará até encontrar. Lembre-se que seus olhos estão atentos sobre "toda a terra", enquanto ele busca alguém para fortalecer. Agora, leia o versículo abaixo e veja uma outra busca "de um lado para outro":

> Na verdade, todo homem anda numa vã aparência; na verdade, em vão se inquietam; amontoam riquezas, e não sabem quem as levará (Sl 39.6; AF).

A versão Almeida Fiel desse versículo diz que o homem "anda numa vã aparência" e "em vão se inquietam". Na *Nova Versão Internacional* (NVI), lemos:

Sim, cada um vai e volta como a sombra.
Em vão se agita, amontoando riqueza
sem saber quem ficará com ela (Sl 39.6).

Examinemos esse quadro. O homem anda de um lado para o outro. O caminhar, via de regra, fala da conduta e do estilo de vida de uma pessoa. O autor do salmo diz que o homem descrito possui um estilo de vida específico. Diz que tal homem caminha de um lado para o outro, indo e vindo, numa vã aparência, ou de maneira fútil. É descrito como uma "sombra". Essa palavra transmite a impressão de que ele está na escuridão, representa a fragilidade da vida. É como dizer que o homem não passa de uma bruma de vapor ou de uma sombra.

Vai de um lado para o outro numa vã aparência. Imagine que esse homem é um viajante atravessando um deserto. Está desidratado, cansado, aborrecido, sedento e faminto. E lá vem a vã aparência. Seus olhos se alegram porque, longe no horizonte, ele vê as águas cintilantes de um oásis. Ele começa a apertar o passo e alcança o lugar onde pensava haver água fresca, mas só encontra mais areia. Era miragem. Por mais que brilhasse ao longe, não houve benefício em alcançar aquele lugar. Foi uma vã aparência. E, ao longo de seu caminho no deserto, ele continua o ciclo de procurar e não encontrar.

Temos aqui a representação de uma pessoa que, ao longo de toda a vida, busca coisas que não a satisfazem. Uma pessoa que gastou tempo, energia, recursos, emoções e entusiasmo atrás de coisas que não fazem qualquer diferença, nem satisfazem o anseio e a sede da alma. Uma existência vivida de um lado para o outro numa vã aparência. Você já viu vidas assim. Alguns de vocês levam vidas semelhantes, dedicadas a coisas sem valor. Aquilo em que vocês investiram tanto esforço não provou ser digno de seu desejo. Somos viciados em caçar, mas nos decepcionamos com a presa.

É importante notar que nossos motivos podem ser puros. Procuramos algo com que possamos nos contentar. Queremos satisfação, refrigério e descanso. Alguns de nós buscam cura; outros, libertação. Não há nada de errado em nenhum desses motivos. Procuramos num e noutro lugar e não achamos nada que valha a pena agarrar e reter. O maior problema é que, se ficamos no deserto por um tempo muito longo, tornamo-nos fracos e delirantes. Ficamos tão desesperados e sedentos que acabamos pegando qualquer coisa semelhante à água e ficamos satisfeitos.

É aí que está o perigo de uma vida vã e deserta. Você fica fraco e, quando isso acontece, se torna vítima de algo ou de alguém que só estava esperando sua vida chegar a esse ponto. Lembre-se de que os olhos de Deus procuram por toda a parte, enquanto o homem caminha por toda a parte. Vamos dar uma olhada em Jó 1.6,7 e verificar quem mais está nesse negócio de ir de um lado para o outro:

> Certo dia os anjos vieram apresentar-se ao SENHOR, e Satanás também veio com eles. O SENHOR disse a Satanás: "De onde você veio?" Satanás respondeu ao SENHOR: "De perambular pela terra e andar por ela".

Aqui está. Sobre a terra, perambulando de um lado para o outro, está ninguém menos que o mentiroso acusador dos irmãos: Satanás. Dá para perceber que, se Satanás perambula de um lado para o outro e nós vamos de um lado para o outro, estamos destinados a, cedo ou tarde, nos encontrar com ele. Não se trata de alguém que desejemos encontrar em nossas jornadas, quanto mais quando estamos fracos. Pedro nos adverte de que as intenções dele não buscam o bem de ninguém que encontre pelo caminho:

> Estejam alertas e vigiem. O Diabo, o inimigo de vocês, anda ao redor como leão, rugindo e procurando a quem possa devorar (1Pe 5.8).

O homem vai de um lado para o outro. Satanás também vai de um lado para o outro. O homem busca esperança, livramento, refrigério, satisfação, intimidade e felicidade. Satanás procura devorar, tragar e engolir o homem. O objetivo dele não é feri-lo, mas destruir você. Não quer apenas sujar seu nome ou humilhá-lo uma ou duas vezes. Quer consumi-lo até não restar nada. E ele está ao redor, procurando especificamente por você. Essas são as más notícias.

As boa notícia é que Satanás está tão obcecado por você, que não presta atenção nos olhos de Deus. Em seu perambular, ele tem sido seguido pelos olhos de Deus, que o vigiam enquanto ele vigia você. A Bíblia afirma que os olhos de Deus nos procuram com o objetivo de nos fortalecer. Essa palavra, "fortalecer" (2Cr 16.9), quer dizer "apegar-se a algo, agarrar-se fortemente em algo, ligar-se fortemente a algo". Deus promete que, quando achar uma pessoa com o coração reto, com os olhos fixos nele, mas que está fraco na batalha, se apegará a essa pessoa. Ele se apegará de tal forma àquela pessoa, que se tornará toda a força de que ela precisa. O coração reto não é um coração imaculado, mas que reconhece sua impotência contra o pecado e põe sua esperança em Deus todo-poderoso. Deus afirma que encontrará essa pessoa em sua fraqueza e se tornará sua força.

Consegue ver o padrão? Estou buscando satisfação, intimidade e bênçãos. O inimigo está me procurando. Deus observa a ambos, pronto para se aproximar tão logo eu tire meus olhos das bênçãos e os ponha nele. Deus, portanto, se torna minha força, luta minhas batalhas e dá-me bênçãos superiores a tudo que eu pudesse pedir ou pensar.

Quando estou muito fraco para agir por conta própria, tenho um Deus cujos olhos estão sobre mim, esperando a oportunidade de me fortalecer. Tendo essas informações, tenho a resposta para a pergunta que me atormenta desde 11 de setembro: "Você viu aquilo, Deus?". Sim, ele viu. Ele nos viu quando fomos atacados. Viu quando caímos. Viu cada lágrima e cada homem e mulher sob os escombros. Ele nos viu enfraquecer. E nos verá a cada passo nessa situação. Os olhos de Deus vêem tudo.

E o inimigo verá quando nos reerguermos vitoriosos, à medida que Deus se apegar a nós e se tornar nossa força.

De seus lábios: os ouvidos de Deus

> Se ao meu Deus eu tivesse revelado metade, só, do zelo com que sempre servi o soberano, ele decerto não me teria, nesta idade, entregue nu aos meus inimigos.
>
> WILLIAM SHAKESPEARE, *HENRIQUE VIII*

Não sou o melhor ouvinte do mundo. Tenho, a todo instante, tantas coisas em minha mente, que às vezes é difícil absorver algo mais. É como tentar enfiar mais uma pasta num arquivo já apinhado. Talvez "apinhado" não seja a palavra exata, pois denota desordem. Insinua que a informação está toda misturada e que, portanto, é difícil recuperar ou acrescentar algo. De certa forma, meu cérebro é muito parecido com o escritório que tenho em casa. Ninguém consegue entendê-lo além de mim. Para os outros, parece uma grande bagunça, mas sei onde está tudo e se algo foi movido. Ouvir, portanto, não tem tanto a ver com o fato de se ter muita informação; é mais uma questão de armazenamento.

Ao examinar e estudar essa imagem dos ouvidos de Deus, devo deixar claro que a audição é, para mim, uma de suas mais impressionantes características. A exemplo dos olhos, a audição de

Deus possui um funcionamento muito menos complicado que a audição humana. Nosso ouvido é formado por três partes principais: ouvido externo, ouvido médio e ouvido interno. O ouvido externo atua como receptor; o ouvido médio é uma espécie de amplificador; e o ouvido interno funciona como transmissor, enviando informações ao cérebro. No cérebro, essas informações são classificadas a fim de saber o que ouvimos, de onde ouvimos e o volume do som. Os ouvidos de Deus escutam e ponto final. Não há nenhum lapso de tempo entre aquilo que é dito e aquilo que é ouvido. Deus escuta no instante em que você fala.

Lembre-se também de que a audição de Deus, assim como todos os outros sentidos, possui natureza espiritual. Ele ouve além do que você fala. Ele escuta o que você pensa, sente ou deseja. Ouve aquilo que você quer dizer, o que seu espírito diz e o que está escondido em seu coração, até mesmo de você. No entanto, por mais maravilhoso que tudo isso seja, ainda não é para mim o mais impressionante.

Os ouvidos de Deus revelam-nos algo sobre sua onisciência. Deus ouve tudo porque sabe tudo, e sabe tudo porque ouve tudo. Com Deus, não existem notícias de última hora. Com ele, não existem surpresas. Não é assim: ocorre uma idéia a você, e você depois conta para Deus. Ele já ouviu tal idéia antes de ela lhe surgir na mente. Você algumas vezes ouvirá alguém dizer: "De seus lábios para os ouvidos de Deus". Essa figura de retórica alude ao fato de que não há nada que você diga que Deus não ouça.

A audição de Deus também fala sobre sua onipresença e onipotência. Ele escuta em todos os lugares, a todo instante e ao mesmo tempo. E não há nada que ele não possa escutar. O Deus que sabe todas as coisas também se faz presente em todo lugar. Davi perguntou: "Para onde poderia fugir da tua presença?" (v. Sl 139). Não existe palavra expressa pelos lábios, pela mente ou pelo coração do homem que Deus não ouça. Isso é fascinante, mas, para mim, ainda não é o que há de mais fantástico nos ouvidos de Deus.

O que acho mais incrível a respeito dos ouvidos de Deus é o fato de ele usá-los para ouvir. Deus é um bom ouvinte, e não precisa sê-lo. É onisciente, onipresente e onipotente. Sabe, desde a eternidade, tudo o que você já disse, está dizendo e dirá — tudo ao mesmo tempo. Não obstante, ele ouve sua oração, seu louvor, seu clamor. Ele escuta. Se você considerar a atenção total que ele lhe dispensa, verá que é profunda. Deus pode dar toda a atenção a bilhões de pessoas ao mesmo tempo, o tempo todo. Não disponho do espaço necessário para escrever sobre isso. Já me é bastante difícil meditar sobre o fato de que Deus escuta.

Deus é um bom ouvinte, e não precisa sê-lo.

Sua audição não me impressiona tanto quanto o fato de que ele escuta. Para escutar é preciso estar interessado, preocupado e pronto a corresponder. Mas também é necessário estar presente, a fim de captar todas as nuanças e inflexões de voz que possam indicar algo que contradiga o que está sendo dito. Deus não precisa de nada disso. Ele sabe se você está mentindo ou falando a verdade. Ele sabe se você está magoado e tentando fingir que é feliz. Ele sabe... *tudo.* Mas, ainda assim, ele escuta. Encoraja-nos a dizer o que temos a dizer, e ele, enquanto isso, escuta.

A epístola de Paulo a Tito alerta sobre conversas vãs (veja a versão *Almeida Revista e Corrigida*). Uma conversa vã é uma conversa inútil e sem sentido. Uma conversa que não é edificante. A epístola de Paulo a Tito diz que essas palavras clamam a Deus. Pense nisso. Deus já as tinha ouvido quando você as pronunciou, mas elas agora clamam a ele. Clamam a favor daqueles que foram magoados quando você as disse. Palavras vãs alcançam os ouvidos de Deus. Deus teve conhecimento do que você disse pelas costas de alguém.

Tiago 5 afirma que nossos pecados clamam a Deus. Nossos pecados têm voz, que alcança os ouvidos de Deus. É um aspecto interessante, pois, em Tiago 5, temos uma pessoa que faz algo errado com outra pessoa, que conta para Deus. Eu lhe faço algo. Você conta a Deus. E assim meu pecado chega até Deus... de seus lábios. Isso é aterrorizante.

Deus escuta e se importa

No Salmo 102, temos uma das mais extraordinárias imagens de Deus como alguém que nos escuta:

> Ouve a minha oração, SENHOR! Chegue a ti o meu grito de socorro! Não escondas de mim o teu rosto quando estou atribulado. Inclina para mim os teus ouvidos; quando eu clamar, responde-me depressa! [...]Não consigo dormir; pareço um pássaro solitário no telhado (Sl 102.1,2,7).

Compreenda que o salmo 102 não começa no primeiro versículo. Se você estiver olhando sua Bíblia, verá que ele começa logo abaixo do número do salmo e antes do primeiro versículo. Temos aí uma declaração que esclarece o salmo. Essa declaração diz algo a respeito do tipo de salmo que você está prestes a cantar. É como ler o rótulo de um produto, o qual lhe informa o sabor antes de você comer. O enunciado nos dá o "sabor" do salmo. Lemos o seguinte: "Oração de um aflito que, quase desfalecido, derrama o seu lamento diante do Senhor". Eu diria tratar-se de um sabor bastante específico.

Lembre-se de que os salmos são canções, e o salmo 102 foi feito para ser entoado por alguém aflito e arrasado que busca solução em Deus. Faz parte dos chamados salmos penitenciais. Eles muitas vezes tinham a ver com arrependimento, como o salmo 51, por exemplo. No entanto, não é essa a ênfase aqui. Esse salmo penitencial não é exatamente uma confissão de pecados, mas o reconhecimento de um sentimento de tristeza.

Repare como a palavra de Deus identifica a pessoa que faz a oração. O versículo 1 diz: "Ouve a minha oração", ao passo que o versículo 2 pede a Deus: "Inclina para mim os teus ouvidos". Os ouvidos de Deus são invocados por um tipo específico de pessoa.

Considerando o esforço do salmista para esclarecer e classificar o indivíduo para quem esse salmo foi escrito, deixe-me fazer uma ressalva sincera. É algo que preciso dizer antes de ir adiante: esse salmo pode não ser para você. E caso não seja, peço-lhe que pule para o capítulo seguinte e dê-me uma nova chance. A descrição da pessoa que declama esse salmo pode não se aplicar a você. Pode ser que você não se encontre nessa situação. O salmista especifica muito bem o tipo de pessoa que deverá fazer essa oração e encontrar o ouvido de Deus.

A Bíblia fala três coisas sobre essa pessoa. Diz que ela: 1) está aflita, 2) quase desfalecida e 3) possui algumas reclamações. Não se esqueça de que entendo se esse não for seu caso. Tal pessoa está aflita. No entanto, a palavra não é tão dramática como parece. Não se trata do extremo sofrimento causado por uma doença debilitante, embora a idéia possa com certeza incluir esse aspecto. A palavra aqui se refere ao sofrimento de forma mais ampla. É uma oração, ou canção, para alguém que está atravessando infortúnios. Num linguajar mais atual, poderíamos dizer que se trata de alguém que está passando por um vale. Alguns de vocês caminham com Deus de forma indiferente. Têm tudo e jamais passaram por dificuldade alguma. Pulam de uma montanha para outra, e os vales não fazem parte de seu itinerário. Que o Senhor continue a abençoá-los e sustentá-los, em nome de Jesus. Mas quatro ou cinco de nós, ao ler esse livro, sabemos o que significa passar por uma situação difícil. Tentemos nos encontrar nessa palavra.

Observe o versículo 2 dessa passagem. Ele diz que a pessoa aflita apela a Deus no dia de sua tribulação. Tribulação, como já disse no capítulo anterior, alude à imagem de uma pessoa aprisionada ou confinada. Significa que você está em um lugar apertado, com as costas contra a parede. Não sabe para que lado se virar e, mesmo que soubesse, não faria diferença alguma, pois, de tão apertado, virar nem chega a ser uma opção. Não é possível seguir em frente, recuar nem sair para o lado. Você cairia por terra se pudesse, mas para tanto é necessário se mover, o que está além de suas possibilidades. Algumas vezes, seu lugar apertado é tudo o que o mantém em pé.

A tribulação é o conjunto de circunstâncias em que você se sente aprisionado e confuso. Não consegue ver uma saída, nem tomar providências para encontrá-la. Não consegue pensar, negociar, forçar ou planejar uma saída. Esse tipo de tribulação produz sofrimento. Se você se encontra nessa condição, o salmo é para você.

Em segundo lugar, esse salmo diz respeito a alguém que está quase desfalecido. Sua situação não apenas o cerca, mas também o oprime. Na verdade, a palavra para "desfalecido" se relaciona com "sobrecarregado", e diz respeito a vestes. Significa estar envolto por algo muito pesado. É quando as lutas, problemas, decisões e dificuldades enfrentadas por um crente se assemelham a vestes pesadas e incômodas, das quais não é possível livrar-se. A tristeza que essas pessoas experimentam tornou-se mortalha. Elas se vestem de aflições. Quando você coloca alguma veste, essa veste produz determinado efeito em sua aparência. Aliás, seu verdadeiro aspecto — forma e aparência — é encoberto pelo que você veste. A tristeza afeta a forma como as pessoas vêem você.

Nem sempre a tristeza possui uma aparência ruim. Vez ou outra, ela se enfeita toda e tenta aparentar que não causa problema algum. Você já viu pessoas que desejam fazer-lhe acreditar que tudo está bem com elas; no entanto, ao observá-las por tempo suficiente, conseguirá descobrir seu "peso". Perceberá que tal pessoa é oprimida por algumas coisas. É possível ver a angústia, a depressão e a tristeza de uma pessoa. Essas coisas habitam no fundo do coração, mas estão vestidas, como que revestidas por uma roupa.

Se uma pessoa se vestir de tristeza por um período muito longo, seu peso, cedo ou tarde, se tornará insuportável. Essa pessoa começará a reclamar em algum momento. O salmo de alguém que roga ser escutado por Deus é o de alguém que "derrama o seu lamento diante do Senhor". Lamentos não têm nada a ver com o descontentamento propriamente dito. Não é se queixar ou reclamar aos berros. A palavra traduzida por "lamentos" é deveras interessante. Significa na verdade "gemidos e prantos", porém, mais exatamente, gemidos e prantos abafados. Não se refere a alguém que fala sobre sua luta ou tem acesso de indignação. Esse "lamentador" está passando por um vale e, bem no fundo, é pressionado por todos os lados. Não tem como pedir ajuda, pois já está exaurido. Também é possível que a dor seja muito profunda. Essa pessoa desejaria ter alguém com quem conversar, mas, mesmo que tivesse, não saberia como se expressar. As vestes de tristeza que cobrem esse indivíduo se transformaram numa mordaça que o impede de expressar a dor.

Você já passou por uma situação dessa? Você se encontra numa fase solitária, atravessando um vale sem qualquer apoio? O versículo

7 diz: “pareço um pássaro solitário no telhado”. Aqui percebemos o problema com esse pássaro no telhado. Os pássaros cantam, e você se encontra numa situação de dor e tristeza, mas não há ninguém para escutá-lo cantar. Sendo assim, o salmista e o pássaro simplesmente gemem sua melodia.

Portanto, quais são as opções do aflito que está a ponto de desfalecer? Derramar seu lamento perante o Senhor. Derramar a tristeza, o peso e as lamúrias que não pode compartilhar. Derramar a solidão e o desgaste. Derramar a desolação e a desesperança. Tomar tudo que o oprime e derramar nos ouvidos de Deus.

Quando garoto, contraía, de tempos em tempos, uma infecção de ouvido. Minha mãe mandava que eu fosse até a loja para comprar um pouco de óleo, que ela chamava de “óleo doce”. Eu jamais provei aquilo e não sei se era ou não doce, mas mamãe o esquentava, me mandava inclinar a cabeça para um lado e, depois, derramava aquele óleo em meu ouvido. Ora, eu não passava de um garoto e ainda não tinha ido para a faculdade. Portanto, imaginava que, com o tempo, o óleo sairia da minha cabeça por algum lugar. Se entrou, tinha de sair. Minha cabeça tinha muitos buracos onde ele pudesse permanecer. Mas ele jamais saía. Por meio desse tratamento pude descobrir diversas coisas. Em primeiro lugar, sentia o calor desse óleo quente entrando em meus ouvidos. Era uma sensação muito estranha. A sensação passava, mas eu sempre me perguntava para onde o óleo tinha ido.

Algum tempo depois eu ouvia um estalo e voltava a ouvir. O óleo nunca saía. Tempos após, aprendi em biologia que o óleo era absorvido por meu corpo e que, ao ser absorvido, algo acontecia. O salmista afirma que derramou sua tristeza nos ouvidos de Deus, e os ouvidos de Deus funcionam tal qual os meus. Sua tristeza foi absorvida pela essência do próprio ser de Deus e, quando Deus absorve a tristeza, pode crer que algo acontece.

> **Os ouvidos de Deus são uma revelação de sua capacidade de cuidar de nós.**

Deus entra em ação quando derramo meu sofrimento em seus ouvidos. Os ouvidos de Deus testificam sua compaixão. Os ouvidos de Deus são uma revelação de sua capacidade de cuidar de nós.

Deus me escuta

Não há nada mais ofensivo a uma pessoa do que ignorá-la, negar-se a dar-lhe ouvidos. Perdi a conta de quantos relacionamentos já vi, de quantos casais já aconselhei, em que a reclamação era a mesma: que um dos dois ou ambos não ouviam. Tenho atendido a esposas e, via de regra, em algum momento da conversa, elas dizem: "Ele simplesmente não me ouve". Certa vez, perguntei a uma mulher: "Como você se sente quando ele não a ouve?". Ela respondeu: "Insignificante".

Recusar-se a escutar é uma traição ao relacionamento. É, na melhor das hipóteses, indelicado. Também é grosseiro pressupor que já sabe o que vai ser dito, de modo que, enquanto a outra pessoa fala, você desvia sua mente e se concentra em aperfeiçoar sua própria resposta. Deus sabe o que vamos dizer, mas nos respeita e nos escuta. Quem somos nós para não agir da mesma forma ao lidar com as outras pessoas?

Algumas vezes ouvimos pela metade; tentamos, depois, resolver o problema, não importa qual seja, para não termos de continuar ouvindo. Os homens são bons nisso. Lutamos amiúde contra isso, principalmente com nossas esposas e filhos, visto que nossa relação de provedor/protetor é relevante. Se você me conta um problema, imagino que tenho a responsabilidade de resolvê-lo. É como um reflexo. Algumas vezes as pessoas não precisam que você resolva nada. Querem apenas que você escute.

Minha esposa já me acusou — e eu era culpado — dizendo: "Querido, você não está me escutando", ou, "Querido, você não me escutou". Ela estava certa, e fiquei pensando em como a insultei com minha falta de consideração.

Deus se importa o suficiente para escutar. Quando o salmista clamou: "Ouve a minha oração, SENHOR!", estava na verdade dizendo: "Preste atenção em minha oração, Senhor". Ouvir, nesse contexto, engloba tanto o interesse da pessoa em ouvir como a disposição de reagir ao que escuta. É dar atenção total a alguém. A atenção dispensada por Deus em nos ouvir é conseqüência direta de sua graça e misericórdia. Relaciona-se a sua graça porque não merecemos atenção alguma. É um presente dado gratuitamente. Diz respeito a sua misericórdia pois, se ele ouve tudo, também ouve meu pecado. O fato de me escutar sem proferir condenação é uma manifestação de sua misericórdia, que dura para sempre.

Costumava pensar que tinha de preparar o que dizer a Deus, ou ele não me ouviria. Pensava que algumas orações feitas na infância não tinham sido respondidas por não ser belas o bastante. Se você não tomar cuidado, toda sua vida de oração ficará arruinada por ouvir as orações de outras pessoas. Quando jovem, ficava maravilhado com algumas orações que ouvia em minha igreja.

Começávamos o culto em nossa igreja com uma oração a que chamávamos "devoção". Todas as semanas, "irmãos devotos" apresentavam-se para orar. Se você ouvisse o modo como oravam (nao quero com isso dizer que fosse errado naquela época e situação), ficaria realmente confuso, no que diz respeito a oração. Havia um rapaz que costumava orar dizendo: "Senhor, aqui estamos, mais uma vez, de joelhos dobrados e prostrados diante de ti, com o rosto no pó de onde saímos. Senhor, nós te agradecemos porque o quarto em que dormimos na noite passada não eram as paredes de nossa sepultura. Nós te agradecemos pois nossa cama não foi nosso caixão, nem a coberta foi nossa mortalha". Tudo isso significava: "Senhor, muito obrigado por não estar morto nesta manhã!".

Você já se viu em uma situação na qual simplesmente não havia tanto tempo assim? Deixe-me dizer uma coisa: já passei por momentos em que precisei escutar uma palavra de Deus e não dispunha de tempo para ter uma experiência semelhante à de Abraão. "Chegou minha hora, Senhor. Há algo de que preciso, e preciso agora. Estou sem tempo. Não quero ser desrespeitoso, mas não tenho tempo para aquele "de joelhos dobrados e prostrado diante de ti". Preciso de uma palavra sua. Estou indo direto ao ponto e cortando caminho. Me ajude. Amém." Era essa minha oração. Você já orou assim: "Ajude-me. Amém."?

Deus deseja ouvir nossas palavras. Compreenda isso. Já ouvi pessoas se dirigindo a Deus com desculpas: "Não queria incomodá-lo, Senhor...". Deus ama você. Existem bilhões de pessoas ao redor do mundo. Todos nós poderíamos orar ao mesmo tempo. Poderíamos nos expressar em inúmeros idiomas ou dialetos, e com diversos sotaques. E Deus é tão divino que não negligenciaria nem confundiria uma única oração. Ele não se enganará enviando sua bênção para uma outra pessoa. Não se esquecerá de onde você está, onde tem estado ou de onde você veio. Ele é um Deus que ouve você. Ele ouve *você*. Ele o ama do jeito que você é, e quer ouvir tudo o que você tem a dizer com suas próprias palavras. Você não precisa forçar Deus a ouvi-lo. Ao orar, não é necessário se desculpar com ele. Ele só fica admirado de você ter demorado tanto para se achegar a ele.

A atenção dispensada por Deus deriva de uma postura assumida. Representa os sentimentos que ele nutre a nosso respeito. Mas não é algo que se limite a uma atitude. O ouvir e o escutar de Deus são também posturas ativas. Nosso salmista, em sofrimento, pediu a Deus: "Inclina teus ouvidos". Na verdade, para não haver confusão, ele disse: "Inclina *para mim* os teus ouvidos". Em outras palavras: "Senhor, incline-se para cá e ouça nessa direção". Dá para imaginar isso? Que imagem! Deus não apenas ouve, mas se inclina para ouvir. Isso me deixa maravilhado. Não temos a capacidade de contar o número de coisas que Deus tem para pensar, fazer, sentir, influenciar ou controlar em um único momento. Ainda assim, ele está disponível a cada momento de nossa vida, para cada um de nós, e se curva para nos ouvir. Ele pára a fim de nos ouvir, para nos dar sua atenção.

Deus deseja ouvir nossas palavras.

O salmista ainda afirma que Deus faz tudo isso no dia de sua tribulação. A palavra dia não se refere a um período de 24 horas, mas a um período específico na vida de alguém. É uma época específica ou uma série específica de momentos. Isso é importante, visto indicar o fato de que um indivíduo, ao buscar os ouvidos de Deus, tem em mente um objetivo cuidadosamente ponderado. Possui uma situação específica na qual necessita do ouvido de Deus. Há uma crise, e ele precisa que os ouvidos de Deus estejam voltados para ela.

Deus está disponível a cada momento de nossa vida, para cada um de nós, e se curva para nos ouvir.

Não apelo para Deus sem que haja motivo. Sua atenção, seus esforços e sua presença não devem ser encarados de forma leviana. É preciso estar atento, a fim de não ser irresponsável com o nome de Deus. Você não o lança aos céus, como faz com seu próprio nome. O nome de Deus tem poder. Certa vez vi um filme na televisão que retratava um grupo de "garotas do mundo". Durante o filme inteiro, elas ficavam dizendo: "Oh, meu Deus!", "Oh, meu Deus!", "Oh, meu Deus!", "Oh, meu Deus!", como um disco quebrado. "Oh, meu Deus!". Tome cuidado para não se precipitar em dizer "meu Deus".

Antes de tudo, isso deixa os anjos nervosos. Deus determinou e nomeou espíritos ministradores que são enviados dos céus para atender às necessidades, aos clamores e pedidos do povo de Deus. Quando você apela para Deus, ele manda anjos atenderem ao que você pediu. Não fique dizendo: "Oh, meu Deus!", ao acaso. Não provoque os anjos dessa forma. Poderão pensar que alguém será convocado. Ficarão prontos para entrar em ação, imaginando que alguém está realmente com problemas.

Apenas digo que, se não for de coração, não diga nada. Brincadeiras à parte, respeite o nome de Deus. Não o chame até precisar dele; mas, se for realmente preciso, não hesite em chamá-lo quantas vezes achar necessário. Ele ouvirá, escutará você e se inclinará para lhe dar toda a atenção. O autor do salmo 102 compreendeu isso. Chamou pelo Senhor no dia em que enfrentou tribulações. Contou ao Senhor que a situação era séria. "Senhor", clamou ele, "esse é um momento especialmente difícil para mim. Sufoca-me o peso de minha tristeza, de meu sofrimento e de meu desânimo. Sinto-me esmagado. Por favor, Deus, preciso de sua atenção e preciso rapidamente." Isso mesmo, ele disse "rapidamente".

Deus escuta a qualquer momento

No dia da tribulação, inclina teus ouvidos para mim. E "quando eu clamar, responde-me depressa!" (Salmos 102.2). Confesso que esse versículo me surpreendeu. Não consegui compreendê-lo durante algum tempo. Uma tradução diz: "Responde-me rapidamente". Em nossa interpretação: "Preciso de sua resposta já". Já aconteceu de você se dirigir a Deus com um pedido urgente?

Certa feita, comprei algumas roupas durante uma viagem. O vendedor me disse: "Bispo, podemos mandá-las como pedido comum ou urgente". Entrega em 24 horas. O escritor do salmo pediu que Deus lhe mandasse uma bênção urgente. Isso soou quase arrogante a meus ouvidos. Você chega para Deus e diz: "Olha, preciso de uma resposta imediata. Sem lengalenga. Preciso disso agora". Pensei, portanto, no assunto. Essa oração não só é admissível como lógica.

Há aqui uma alusão ao caráter instantâneo da audição de Deus. Apelo para Deus estando neste mundo. Chamo-o no reino espiritual, pois é onde ele se encontra. Apelei a ele "no dia da minha tribulação", o que significa que o chamo em um momento específico. Deus, todavia, não vive num universo temporal, mas na eternidade. Assim, lanço meu clamor em direção à eternidade, de meu lugar apertado, encerrado no tempo, em um momento qualquer. Tomo meu pedido temporal, envolvo-o em minha oração e o envio da Terra para a eternidade, direto aos ouvidos de Deus. Tão logo ouve minha oração, Deus responde de pronto. Responde de imediato, num piscar de olhos, visto que não precisa pensar na resposta. Ele já sabe a resposta antes de fazermos a pergunta. Ouve meus pensamentos antes que eu pense em orar. Antes de agora mesmo e mais rápido que já, a resposta está a caminho.

Aqui está o problema. Deus agora precisa mandar sua resposta da eternidade para a Terra, para aquele lugar apertado onde me encontro. O trajeto da esfera terrena para a espiritual não leva tempo algum. Já o caminho de volta é um processo. Deus não precisa processar nossos pedidos e orações, mas nós não somos Deus. Não somos perfeitos, logo, é necessário que ele processe sua resposta dentro de nós. Isso pode levar um segundo, ou um século. Só Deus sabe.

A oração foi imediatamente respondida, pois, com Deus, não há atrasos, amanhãs, nem se deixa para depois. Ele vive num eterno "agora", mas não nós. Daí depreendemos que é necessário um processo antes de recebermos de Deus nossa resposta.

A história de Elias ilustra bem esse princípio. O profeta subiu o monte Carmelo para um duelo com os 450 profetas do ídolo Baal. Elias e Deus enfrentaram 450 profetas e seu deus Baal. Como se sabe, não foi uma luta justa. Com Deus a seu lado, Elias os excedia em número largamente. Mas continue comigo, pois tenho outra questão para esclarecer.

O objetivo era determinar quem era Deus – se Baal ou o Deus de Elias. Eles disseram: "O deus que responder por meio do fogo, esse é Deus". Elias disse: "Vocês primeiro. Vão lá e façam o melhor que puderem". As Escrituras dizem que 450 profetas clamaram por Baal e nada aconteceu.

Após algum tempo, Elias começou a ridicularizá-los. Ele disse: "Ora, rapazes, talvez vocês não estejam gritando o suficiente. Talvez o deus de vocês tem algum problema de audição. Por que vocês não berram um pouco mais?". Elias preparou-lhes uma armadilha, pois sabia que Baal era um deus feito por mãos humanas. Tinha orelhas, mas não podia ouvir, por mais tempo e por mais alto que clamassem.

"Vou lhes dar uma idéia, rapazes. Quem sabe vocês conseguem alguma compaixão flagelando-se, para aí ele dar-lhes alguma atenção. Pode ser que, fazendo algo dramático, ele fique mais disposto a ouvi-los." A Bíblia conta que eles começaram a se cortar e a gritar o mais alto que podiam. Por fim, já anoitecendo, Elias disse: "Olha, eu tenho de ir para casa e vocês já gastaram muito do meu tempo. Agora é minha vez".

Não se esqueça de que a "resposta" esperada é o fogo. Elias reparou o altar e, sabendo que eles esperavam fogo, encharcou-o com água. Ele não queria que nenhuma daquelas pessoas fosse para casa imaginando que tinha acontecido algum tipo de combustão espontânea sobre o altar. Queria dissipar qualquer dúvida sobre a origem do fogo. Ele deixou tudo ensopado, inclusive a madeira; depois, orou.

Quando Elias clamou ao Senhor, o fogo caiu sobre o altar e consumiu absolutamente tudo. Mas é preciso que você compreenda que o fogo já estava a caminho antes de Elias abrir a boca. Deus já ouvira sua petição antes de o desafio ser proferido. No entanto, foi necessário esperar até que o altar estivesse preparado para receber o fogo que já fora enviado da eternidade.

Quando você clama pelo nome do Deus vivo, ele escuta e responde sua oração. O problema é que ele precisa prepará-lo para a resposta. Precisa prepará-lo para o que reservou para você. Ele possui o que você precisa; tem em mãos a bênção que pertence a você. Apenas não lhe é possível assumi-la ainda. De qualquer forma, nem sempre o problema é você. Às vezes, o atraso é causado por fatores fora de seu controle.

Houve um homem chamado Daniel que orou a Deus durante três semanas. Orou e jejuou por 21 dias antes de baterem a sua porta. Era um mensageiro que trazia a resposta a sua oração. "O que aconteceu? Por que você demorou tanto?". Veja bem, Daniel podia fazer essa pergunta, visto que tinha um relacionamento íntimo com Deus. Sabia não haver nada em si mesmo que pudesse impedir a Deus de lhe responder rapidamente. Por isso ele queria saber qual era o impedimento. O mensageiro disse: "Faz 21 dias que Deus ouviu sua oração. Sua resposta já estava a caminho há 21 dias, mas, ao me aproximar com a resposta, o príncipe da Pérsia impediu meu caminho". O príncipe da Pérsia era o demônio territorial encarregado de impedir as bênçãos, assim como a atuação dos mensageiros de Deus, naquela região, pois, quando Deus está pronto a abençoá-lo, o demônio fica nervoso.

Você não sabe que o demônio quer impedir sua bênção, cura ou vitória? Que ele não quer que você seja liberto, feliz, sem vícios, próspero ou promovido? O mensageiro disse que já estava a caminho com a resposta 21 dias antes, visto que Deus ouvira a oração de Daniel já no primeiro dia (v. Dn 10.12.). Ocorreram alguns atrasos para que a resposta chegasse a Daniel, mas Deus também opera nos atrasos. Enviou seu arcanjo Miguel para cuidar do demônio que causava o atraso.

Sua bênção, a resposta de Deus, está a caminho. O que os demônios não sabem é que não podem impedir Deus de lhe responder. Deus responde tão logo você ora. Os demônios só se metem no processo quando já é tarde demais. Tudo o que podem fazer é atrasar um pouco as coisas. No entanto, quanto mais eles atrasam, mais você ora; e, quanto mais você ora, mais respostas são produzidas. Após algum tempo, todas essas respostas abrem caminho à força sobre quaisquer tentativas de atrasá-las ou desviá-las.

Deus viu Daniel jejuar e orar por 21 dias; portanto mandou Miguel para dar cabo de todo o impedimento. Ele não mandou Herbert, Sam, Alice, nem qualquer outro anjo normal. Miguel é o líder dos exércitos de Deus. Miguel e seus rapazes derrotam a serpente e seus asseclas no livro de Apocalipse, expulsando-os do céu. De vez em quando, devemos dar uma olhada no fim da Bíblia e ver como a história acaba. Garanto que isso será uma bênção em sua vida. Deus mandou que Miguel levasse sua resposta até Daniel.

É preciso ter consciência de que sempre o inimigo se intromete no processo tarde demais. Ele está perdendo tempo, mas é muito arrogante e cabeça-dura para perceber isso. Ele não vive fora dos limites do tempo. Deus lhe deu uma caixa de areia onde brincar, e não lhe é permitido sair fora dela. Sempre que alguém comentou sobre a situação em que você se encontra, Deus ouviu e enviou conforto, antes mesmo de você orar. A Bíblia diz que Deus poupou suas lágrimas. Isso quer dizer que ele ouviu seu clamor antes de você pedir-lhe que enxugasse suas lágrimas. Desde sua infância, Deus vem mandando respostas às orações feitas por sua mãe sobre sua vida. Algumas pessoas não precisam de uma nova bênção, mas apenas de perseverar até que a resposta chegue.

Os ouvidos de Deus escutam tudo. Quer saber como manter os ouvidos de Deus interessados? Louve-o agora pelas respostas que já estão a caminho. Qualquer um pode alçar a voz pelo que lhe acontece agora. Desafio você a louvar a Deus pelo que ele fará. Caminhamos pela fé, não pelo que vemos, e a fé agrada a Deus. Seu maior louvor não devia ser causado por aquilo que você vê. É preciso chegar a ponto de exultar pelo que você sabe, mas não pode ver. Louve-o quando se matricular na faculdade. Não espere pela formatura. Deus está ouvindo.

> **Você pode manter os ouvidos de Deus interessados ao louvá-lo pelas respostas que já estão a caminho.**

Mantive em meu escritório uma mala que levei meses para desfazer. Sempre que a olhava, começava a louvar a Deus. Havia feito aquela mala em nossa casa antiga, porque sabia que Deus nos abençoaria com uma casa nova. Fiz aquela mala após ter um empréstimo negado nove vezes. A resposta se atrasou porque precisava passar por pessoas que não gostavam do que eu fazia para viver, pessoas que não gostavam da minha cor e pessoas que simplesmente não gostavam de mim. Mas Deus me disse que continuasse buscando, pedindo e pleiteando, pois a resposta estava a caminho.

Durante muito tempo, mantive aquela mala onde podia vê-la, no canto do escritório em minha casa nova. Para as outras pessoas, parecia bagunça, remancho e desordem. Mas para mim era outra coisa. Aquela mala me fazia lembrar a todo instante que Deus me ouve.

Já se passaram alguns anos desde aquela época de minha vida. Já desfiz aquela mala. Precisei fazê-lo. Não tinha espaço para ela em meu escritório. Quando penso nisso, sinto-me grato por Deus não ter qualquer problema de espaço quando se trata de me ouvir... e volto a louvá-lo de todo meu coração.

Ávido por inalar: o nariz de Deus

A conversão da alma é um milagre que ocorre num instante, mas a formação de um santo é tarefa de uma vida inteira.

ALAN REDPATH, *THE MAKING OF A MAN OF GOD* [*A FORMAÇÃO DE UM HOMEM DE DEUS*]

Quando meu estudo chegou ao nariz de Deus, devo admitir que fiquei um pouco preocupado. Para ser sincero, me pareceu um pouco inconveniente ficar um longo tempo olhando para o nariz de alguém; sem dúvida, um tanto grosseiro. Como não podia deixar de ser, sempre que se lida com as coisas de Deus, você está pisando em terra santa, mas isso é como pisar em terra santa *particular*. De início, tentei deixar para lá. Ora essa: é só um nariz. Considero meu próprio nariz comum, suficiente à função que dele se espera. Já está comigo há um bom tempo e não temos tido problema algum, meu nariz e eu. Mas se você pensar um pouco nisso, algo estranho começa a acontecer. O nariz, como você logo percebe, é algo profundamente pessoal.

A princípio, não parece grande coisa — não passa de um pedaço de carne no meio da sua cara. Pronto. Lá está. Bem no meio da parte mais exposta de seu corpo. Se você estivesse olhando para seu nariz no espelho neste exato momento, ele teria acabado de crescer um pouco. Faça uma experiência: converse com alguém sem olhar em seus olhos — olhe somente para o nariz. Veja quanto tempo demora até que a pessoa pergunte: "Tem algum problema com meu nariz?". Olhar para o nariz de alguém não é apenas olhar, mas inspecionar. Você atravessa limites pessoais, e isso deixa as pessoas desconfortáveis.

O nariz é algo evidente. Está lá para as pessoas verem. Pode estragar ou destacar sua aparência. Uma mulher pode ser meiga e formosa, mas, se possuir um rosto de anjo e o nariz de Jimmy Durante,[1] alguns rapazes não conseguirão superar esse detalhe. Isso é um fato. Sei que alguns de vocês estão procurando ardorosamente em seus arquivos mentais por referências bíblicas sobre Deus não reparar na aparência externa, mas no coração. Deixem que eu lhes poupe o esforço. Está em 1Samuel 16.7, alguns versículos antes de o profeta ungir Davi, um pequeno pastor adolescente, como o próximo rei de Israel. Davi é descrito como "ruivo, de belos olhos e boa aparência" (v. 12). Tradução: seu nariz, muito provavelmente, não era perturbador. Acompanhe meu raciocínio. Quero expor um argumento e, se lhe incomoda a idéia de que o nariz afeta a atratividade de uma pessoa, você provavelmente o compreenderá melhor que qualquer outro.

Se for de algum modo deformado ou desfigurado, o nariz pode arruinar toda a aparência de alguém. Se aparenta ser muito grande, muito pequeno ou torto, as pessoas ficam desconcertadas. Indivíduos que não gostam de seus narizes, ou se envergonham deles, lhe dirão que o pior em possuir nariz feio é o fato de não poder cobri-lo.

[1]Comediante norte-americano famoso pela voz rouca e um imenso nariz. (N. do T.)

Não seria tão ruim se o nariz não estivesse tão "em evidência". Isso pode lhe parecer ridículo caso não haja nada de errado com seu nariz. Mas não acompanhará seu riso a pessoa que, por esse motivo, já lidou com a vergonha, o escárnio ou a rejeição.

Alguns podem se lembrar de uma antiga série de televisão chamada *A Família Sol, Lá, Si, Dó*, sobre uma família com três filhos e três filhas. Em um dos episódios, a garota mais velha, Marsha, é atingida por uma bola de futebol americano e seu nariz fica todo vermelho e inchado. Acontece que, até aquele momento, Marsha estava acostumada a ser cortejada por quase todos os garotos na escola. Aliás, sua irmã, Jan, ficava incomodada com isso. Jan não era feia de modo algum, apenas não era Marsha. Marsha era aquela que todos desejavam. Alguns de vocês possuem irmãos e irmãs assim. Alguns de vocês *são* irmãos e irmãs assim.

Bem, nesse episódio, Marsha tinha um encontro com o capitão do time de futebol americano. No entanto, os planos mudam bruscamente quando o sujeito se depara com o nariz de Marsha. Ele se desculpa e desmarca o encontro, pois não quer estragar sua imagem, ao ser visto em público com Marsha e seu enorme e horrível nariz.

O que Jimmy Durante, Marsha Brady e Davi têm a ver com o nariz de Deus? É isso que eu quero fazê-lo ver. O nariz é algo extremamente saliente e evidente, mas não é uma característica *importante*. É um *órgão* importante. Ou seja, é uma parte operacional em nossa anatomia, sendo largamente utilizado pelo corpo. Muitos de nós não vemos isso. Muitos de nós tratamos o nariz como pouco mais que um acessório do rosto. Ao descrevê-lo, você não diz: "O nariz dela realmente aspira bastante ar", ou, "Um nariz assim com certeza não tem dificuldades de olfação". Você o descreve como uma característica, por sua aparência, e portanto atribui-lhe valor de acordo com sua beleza. Todavia, é a função dele que realmente importa. Ele desempenha um importante papel nos sistemas biológico, fisiológico, anatômico e psicológico de nosso corpo.

Deus tolera nossas perspectivas e percepções distorcidas, quando se trata de seu próprio nariz. Tal qual o nosso, seu nariz respira e fareja. Respirar e cheirar: duas ocupações das mais aborrecidas e triviais. Ainda assim, nessas atividades bastante comuns, o nariz de Deus se diferencia de todas as outras partes em sua anatomia. Nele se encontra a extraordinária revelação da salvação e da adoração. Nosso relacionamento com Deus, seu miraculoso amor por nós e nossas manifestações de adoração e apreço por ele se refletem na construção e atuação desse membro. Mesmo assim, a maioria de nós falhou em penetrar além de uma salvação e adoração superficiais. Em vez de vê-las como fundamentos, as temos como acessórios em nossa caminhada com Deus; e nos esforçamos por "embelezá-las" perante o mundo, em vez de "desenvolvê-las" perante Deus.

O nariz não é uma *característica* importante; é um *órgão* importante.

Jesus disse que Deus busca aqueles que o adoram em Espírito e em verdade. Deus busca adoradores. Em vez disso, encontra menestréis pseudo-espirituais que, ostentando uma glória imaginária sobre suas cabeças, desenvolvem um frenesi emocional induzido pelo ego. Ele busca adoradores, mas encontra pessoas que cantam e gritam. Busca pessoas que queiram encontrá-lo, e muitos de nós ainda se preocupam com a aparência de santidade de nossas danças. Adoração é mais do que isso. Adoração é mais importante do que isso. Sim, devemos ver a adoração, mas precisamos saber *por que* as pessoas adoram e aprender *como* adorar.

Se nos detivermos na parte superficial da adoração, deixaremos de compreender o principal.

Salvação é algo mais profundo do que convidar Jesus a entrar em seu coração e lhe dar um abraço. A graça aí envolvida vai além de ter acesso às bênçãos de Deus. A misericórdia da salvação é mais que um "alvará de soltura" espiritual. Sua fé não se restringe àquilo em que você crê, mas *em quem* você crê. E Jesus é muito mais do que um pequeno bebê ou um cordeiro morto.

> Salvação é algo mais profundo do que convidar Jesus a entrar em seu coração e lhe dar um abraço.

O cristianismo não é um crachá a ser usado domingo, na igreja, e removido de segunda a sábado. A salvação deve ser trabalhada por nós, e não derramada sobre nós. A salvação é mais importante do que nós sabemos. Deus não tinha de nos salvar. Jesus não tinha de morrer. Deus salvou-nos graças a seu grande amor pelo mundo, e não porque o mundo era adorável, cheio de talentos e útil. Verdade seja dita: se a anatomia de Deus incluísse um pescoço, o mundo estaria atravessado nele. Salvação, por definição, significa que temos um salvador. A maioria de nós deseja a salvação, mas tenta relegar o Salvador ao papel de um vendedor divino. Um vendedor de parque de diversões, daqueles que desafiam todos a provar sua força com a marreta,[2] apregoando um céu que derrama suas bênçãos sempre que damos uma boa pancada na alavanca de nossa fé. Esse assunto é muito mais profundo e importante do que podemos vislumbrar.

[2]Brinquedo de parque de diversões em que se golpeia uma alavanca com a marreta. A alavanca lança um peso que corre por um trilho vertical de encontro a um sino. O objetivo é tocar o sino e provar a própria força. (N. do T.)

A adoração vai "bem" não porque nossas orações são agradáveis. A salvação "vai mal" não porque somos pecadores. Vemos a salvação e a adoração como características de nosso relacionamento com Deus, quando, na verdade, são vitais ao funcionamento desse relacionamento. O nariz de Deus nos mostra que nossa salvação e adoração não são apenas visuais. São funcionais, e essa funcionalidade pode ser negligenciada.

Isso não quer dizer que o nariz, como característica, é totalmente descabido num estudo da anatomia de Deus. Ao contrário. O destaque e a posição do nariz no rosto, no que se refere à anatomia de Deus, aludem à idéia de que aquilo que o nariz representa deveria ser sempre relevante e evidente para nós. Em outras palavras, nossa salvação e nosso culto a Deus deveriam ser sempre visíveis quando olhamos para Deus. Deviam ser tão usuais como o nariz no rosto *dele*.

Respire

O nariz é o caminho natural por onde, numa respiração normal, entra ar no corpo. Verificamos, de imediato, diversas imagens nas Escrituras. Em Gênesis 2.7, vemos Deus soprando o fôlego de vida nas narinas do homem. O homem se distingue dos outros animais no fato de que, embora todas as criaturas vivas possuam vida em si, somente o homem possui em si o fôlego de Deus.

> Então o SENHOR Deus formou o homem do pó da terra e soprou em suas narinas o fôlego de vida, e o homem se tornou um ser vivente. (Gn 2.7)

A Palavra diz que Deus "soprou" seu "fôlego" nas narinas do homem. "Soprar" aí significa inflar, encher, despertar ou inflamar. Por outro lado, também significa extinguir. A Bíblia fala sobre as narinas de Deus soprando sua santa ira sobre a perversidade, bem como sobre a destruição que se segue.

A palavra "fôlego" possui ênfase ligeiramente diferente. A palavra hebraica significa "sopro" ou "vento". No entanto, significa também inspiração, alma e espírito. Refere-se mais especificamente ao Espírito de Deus. Assim, em outras palavras, em Gênesis 2.7, Deus soprou seu Espírito no homem. A Bíblia afirma que o homem foi criado à imagem de Deus. Deus é Espírito, e soprou a si mesmo no homem.

Ao imaginar Deus respirando, você imagina o ar entrando por suas narinas, mas é importante saber que não é o nariz que realmente faz com que você respire. Biológica e anatomicamente, respiramos *através* do nariz, não *com* ele. O nariz não é o órgão que permite ao corpo respirar. Muitas pessoas supõem que a respiração começa nos pulmões, mas não é verdade. O diafragma, que contrai e relaxa, inflando e esvaziando os pulmões, também não é o responsável. Não. A razão de respirarmos reside no fato de nossos corpos poderem fazer aquilo para que foram projetados. Continue acompanhando meu raciocínio.

De um ponto de vista biológico, nossos corpos foram projetados para uma única função: viver. Para tanto, nossas células — a unidade básica de vida em nosso corpo — precisam de oxigênio. Esse oxigênio é carregado pelo sangue, o qual é bombeado pelo coração, através do corpo. Um corpo vivo consome oxigênio. Dessa forma, as células pressionam continuamente o coração para mandar mais oxigênio por meio do sangue. O coração pressiona os pulmões a inflar. Isso nos faz respirar. Falando de outra forma, é a necessidade das células que nos faz respirar. Você não tinha reparado nisso, não é mesmo? Deixe-me dizer novamente. As células precisam viver. E a necessidade que elas têm de viver nos faz respirar. O sangue e o coração são postos em ação pela necessidade dos milhões de células que formam o corpo. É por essa razão que respiramos.

É também por essa razão que Deus respira.

Deus nos deu a vida ao soprar seu fôlego em nós. Quando o pecado entrou no mundo, fomos separados de Deus e começamos a morrer. Tal qual as células em nosso corpo, precisamos do "oxigênio" de Deus para viver. Depois, essa necessidade pressiona o coração de Deus, e ele reage enviando seu Espírito, seu "vento", seu fôlego — seu oxigênio, se você preferir — por meio do sangue de seu filho, Jesus. Você sabia que o sangue é o único caminho pelo qual o oxigênio pode chegar às células de seu corpo? As células de sua pele, embora estejam expostas ao oxigênio, não têm como absorvê-lo. O oxigênio só chega a elas pelo sangue. Da mesma forma, em nossas vidas espirituais, só temos acesso ao "oxigênio" de Deus graças ao sangue de Jesus. Muito bem! Podemos nos aprofundar um pouco mais?

Inalamos oxigênio e exalamos dióxido de carbono. Se respirássemos apenas dióxido de carbono, morreríamos após algum tempo. Dióxido de carbono é o que deixamos para trás, quando consumimos o oxigênio, no processo de viver. E como o dióxido de carbono sai do corpo? Da mesma forma que entra o oxigênio: por meio do sangue. O mesmo sangue que nos traz o oxigênio, que supre nossa vida, remove o dióxido de carbono, que, permanecendo em nossos corpos, nos envenenaria e nos mataria. E o mesmo sangue, que foi derramado por nossa causa na cruz, lava e remove o veneno do pecado em nossas vidas.

De vez em quando, dou uma passada na academia para me exercitar um pouco. Não demora muito para eu começar a respirar fundo e com dificuldade. Sinto isso porque algo está acontecendo nas células de meu corpo. Elas estão consumindo oxigênio mais rápido do que o normal. Isso significa que há mais dióxido de carbono sendo produzido. Níveis de dióxido de carbono mais elevados disparam automaticamente essa respiração mais intensa. Ou seja, o coração tenta levar mais oxigênio para as células, o que torna nossa respiração mais pesada.

O paralelo desse fenômeno com a respiração de Deus é o seguinte: o maior consumo de oxigênio por meio do exercício significa a eliminação mais eficiente e regular do dióxido de carbono. Se compararmos o oxigênio ao Espírito de Deus e o dióxido de carbono ao pecado, quando nos exercitamos na piedade conforme a exortação de Paulo em 1Timóteo 4.7, utilizamos ou absorvemos mais do Espírito Santo em nossas vidas, e o pecado, que esse esforço expõe, pode ser levado embora pelo sangue com mais eficiência.

Você não foi criado dessa forma por acidente. Deus não se limitou a tomar um punhado de pó, misturar com um pouco de espírito, dar uma forma qualquer e chamar de homem. Deus é Deus de sabedoria. Ele não desperdiça nada e, com certeza, não cometeu desperdícios ao formar você.

Deus fez nossos corpos para refletir sua glória. Deus é amor, o que significa que sua glória é contemplada em seu amor. 1João 4.9,10 fala sobre o quanto Deus nos ama.

> Foi assim que Deus manifestou o seu amor entre nós: enviou o seu Filho Unigênito ao mundo, para que pudéssemos viver por meio dele. Nisto consiste o amor: não em que nós tenhamos amado a Deus, mas em que ele nos amou e enviou seu Filho como propiciação pelos nossos pecados.

Você sabia que a própria constituição biológica de seu corpo carrega a história da salvação? É preciso enxergar, homem e mulher de Deus, que seu corpo é mais do que um milagre da ciência. É um milagre de Elohim, de EU SOU. Você é um milagre do Rei da Glória, do Senhor dos Exércitos, do Criador de todas as coisas. Deus projetou e moldou tudo o que há em você, e nenhum artista apresenta uma obra sem antes assinar. Por esse motivo, Deus pôs a própria assinatura em seu DNA, a qual é a história do amor que ele sente por sua vida, a história de sua salvação. Não me importa quem sejam seus pais. Você já era um milagre de Deus antes mesmo de seu pai conhecer sua mãe.

> A própria constituição biológica de seu corpo carrega a história da salvação.

Ao olhar-se no espelho, é preciso saber que as palavras "me fizeste de modo especial e admirável" (Sl 139.14) não são usadas aleatoriamente pelo salmista. Essa frase literalmente significa que, ao formá-lo — quando teceu seus braços e pernas no ventre de sua mãe —, Deus olhou para você e disse: "É isso aí. Que maravilha!". Eis o que você significa para Deus.

Agora, é preciso lembrar que não há intervalo de tempo entre as ações de Deus ter uma idéia e concretizar essa idéia. Aliás, nas insondáveis profundezas de sua vontade, Deus deseja algo, decide fazê-lo, realiza e se agrada do que fez. Tudo isso ocorre ao mesmo tempo e em função de sua palavra. Se realmente pensar a respeito, você dará um grito de louvor. Deus o chamou pelo nome, o amou, o fez e declarou-o "admirável", tudo ao mesmo tempo. Deus fez tudo isso. Não me importa o que mais lhe tenham dito sobre sua própria pessoa. Deus diz que você é admirável. E, como respaldo, ele pôs a biologia em você.

Seu corpo físico reflete o milagre da salvação. Por esse motivo, você não pode tratar seu corpo como se ele não importasse. Seu corpo foi projetado para viver, com o propósito de honrar e glorificar a Deus. A cada respiração, você deveria lembrar-se de que está vivo unicamente porque Deus o ama e o salvou. E, visto que ele o salvou, você deve viver para ele. Quando foi a última vez que você agradeceu a Deus por ter soprado vida em você? Quando foi a última vez que você lhe deu todo o crédito por isso?

O nariz de Deus manifesta a escolha feita por Deus ao nos dar a vida e ao sustentá-la. Assim como não é possível falar sobre o nariz e ignorar a vida e a respiração, também não dá para falar sobre o nariz de Deus sem mencionar Jesus, o Espírito Santo e a salvação.

> **O nariz de Deus manifesta a escolha feita por Deus ao nos dar a vida e ao sustentá-la.**

A outra face da moeda

O nariz não permite apenas que o ar entre no corpo, mas também protege o corpo controlando o teor do ar que entra. Partículas e poeira, por exemplo, entram no nariz e ficam presas em pequenos pêlos chamados cílios. Ao assoarmos o nariz, eliminamos essas partículas antes de que tenham a chance de causar qualquer dano. Deus "assoa" seu nariz para proteger e libertar seu povo de perigos nas mãos de seus inimigos.

Em Êxodo 15.8, Deus abriu o Mar Vermelho com um "sopro" de suas narinas, para que Israel atravessasse em terra seca. Depois, no versículo 10, o mesmo nariz soprou a água de volta e afogou os egípcios. O salmo 18 foi escrito por Davi quando o Senhor o libertou de seus inimigos, em especial de Saul. Ele diz que o sopro das narinas de Deus foi, para eles, como uma repreensão, ou bronca.

A palavra usada para sopro alude a uma imagem bastante expressiva. A imagem de um garanhão bufando. A fúria é muitas vezes tipificada por uma respiração pesada, sobretudo pelo nariz.

Em Provérbios 22.24, somos advertidos a não nos associar homens irados. A palavra aqui utilizada para fúria significa literalmente "local de respiração", a mesma palavra usada para "nariz". Você já viu alguém realmente furioso? As narinas começam a brilhar e a respiração fica mais pesada. É isso que a palavra retrata, porém de forma mais intensa.

O sopro das narinas de Deus não é algo com que se possa brincar. Quando ele está furioso, não fica exatamente bufando e andando de um lado para o outro, enquanto os anjos tratam de passar longe até que ele se acalme. Sua fúria e seu sopro são sempre intencionais e direcionados. Se ele estiver zangado com você, certamente o pegará. E pode desistir de fugir ou se esconder de um Deus que tudo vê e tudo sabe.

Lembre-se de que a respiração ocorre em função da necessidade das células do corpo. Não se trata de iniciativa do nariz. Quando Deus fica zangado, há sempre uma razão, a qual sempre diz respeito à necessidade do povo de Deus. A ira acende-se no nariz de Deus quando seu povo é oprimido e perseguido por seus inimigos. Ele, portanto, age, visto que seu povo precisa de livramento.

Quando se trata da ira divina, o nariz de Deus tem ainda um outro lado. Em Isaías 65, Deus responde à oração de Israel, a qual clama por livramento de seus inimigos. No capítulo anterior, o povo pede a Deus que apareça e o defenda como no passado. Eles dizem: "Ah, se rompesses os céus e descesses! Os montes tremeriam diante de ti! Como quando o fogo acende os gravetos e faz a água ferver, desce, para que os teus inimigos conheçam o teu nome e as nações tremam diante de ti!". Em outras palavras: "Senhor, gostaríamos que você pusesse um pouco de fogo no bolso, descesse aqui e armasse um espetáculo, de forma que nossos inimigos tremessem na base. Sabe como é... como você costumava fazer".

Amo o povo de Israel, visto que tentavam levar Deus a agir, apelando para suas promessas, como se pudessem pegá-lo desprevenido. Eles insinuavam, sem jamais dizer abertamente, que Deus os estava tratando, seu povo escolhido, da mesma forma que tratava os gentios. "Bem, pensamos que você tivesse dito algo sobre sermos seu povo. Nós nos lembramos de algo como 'nunca nos deixar ou abandonar`. Puxa, Deus, estamos nos sentindo muito sozinhos aqui embaixo. Não estamos afirmando que fomos, por assim dizer, realmente abandonados, mas você tem estado um pouco ausente."

Não seja tão severo com o povo de Israel. Nós fazemos a mesma coisa. "Deus, você disse que abriria as portas do céu se eu trouxesse meu dízimo. Ora, não estou dizendo que você mentiu, nem mesmo chequei a previsão do tempo, mas, até agora, não vi nenhuma bênção caindo do céu. Ah, e por falar nisso, *Pai*, também me lembro de você ter comentado algo sobre me dar 'tudo o que eu pedisse`. Talvez meu marido tenha ficado preso no serviço de entregas. Como posso saber que você recebeu os números de registro de todas as minhas orações — de cada uma das seiscentas — seria possível verificar isso aí para mim? Seria muita gentileza sua."

O que o povo de Israel e alguns de nós esquecem é que o objetivo de Deus é tornar-nos santos, não felizes. Israel orava para que Deus honrasse o relacionamento que havia entre eles. No entanto, o tempo todo, eles continuavam praticando idolatria, infrigindo a lei e sendo hipócritas e orgulhosos. Eles esperavam ser libertos de seus inimigos, mas precisavam ser libertos de seu pecado.

Acho magnífica a forma com que Deus responde. Eles querem que Deus desça dos céus e sopre sua fúria. Eles buscam a Deus, pedindo que ele envie alguns sopros de suas narinas na direção de seus inimigos. Mas veja o que Deus diz em Isaías 65.1-5:

> Fiz-me acessível aos que não perguntavam por mim; fui achado pelos que não me procuravam. A uma nação que não clamava pelo meu nome eu disse: Eis-me aqui, eis-me aqui. O tempo todo estendi as mãos a um povo obstinado, que anda por um caminho que não é bom, seguindo as suas inclinações; esse povo que sem cessar me provoca abertamente, oferecendo sacrifícios em jardins e queimando incenso em altares de tijolos; povo que vive nos túmulos e à noite se oculta nas covas, que come carne de porco, e em suas panelas tem sopa de carne impura; esse povo diz: 'Afasta-te! Não te aproximes de mim, pois eu sou santo!` Essa gente é fumaça no meu nariz! É fogo que queima o tempo todo!

A acusação de Deus contra Israel é a seguinte: em primeiro lugar, eles se deixaram levar pelo fato de ser povo de Deus, mas tudo de maneira superficial. É o que ele diz, quando afirma que: "Fiz-me acessível" aos que "não perguntavam" por ele. Buscar significa "pesquisar ou perguntar detalhes". A palavra também alude à adoração. Perguntar, nesse contexto, significa "suplicar, implorar ou tomar emprestado". Ou seja, o povo de Israel estava "brincando de igreja". Eles entravam no templo, faziam toda a encenação e fingiam o que fosse necessário para parecer santos, mas não estavam interessados em entrar na presença de Deus. Eles não pediam para Deus suprir suas necessidades, mudar suas vidas ou brindá-los com sua presença.

Gostavam de ser chamados de povo escolhido de Deus, mas não queriam viver como se Deus os tivesse escolhido. E eram ousados a respeito disso também. Deus afirma que eles provocavam sua ira o tempo todo. Portanto, após listar os delitos do povo, lhes diz que tudo que vinham fazendo é "fumaça no [seu] nariz! É fogo que queima o tempo todo!". Agora, preste atenção! Nessa caracterização específica do nariz de Deus, há uma importante revelação no que diz respeito ao desenvolvimento de nossa salvação.

O povo de Israel estava em rebeldia. Infrigiram a lei, e Deus disse que seu relacionamento com ele era superficial, ou seja, não tinha nenhuma essência. Lembre-se de que Israel acabara de pedir a Deus para descer e enfrentar seus inimigos. É como se eles afirmassem ter fé em Deus, mas Deus dissesse que eles não tinham fé. Por quê? Porque fé no que se vê não é fé. "A fé é a certeza daquilo que esperamos e a prova das coisas que não vemos" (Hb 11.1). Eles pediam a Deus que realizasse o que fizera no passado, para que seus inimigos os vissem como o povo escolhido de Deus. Eles se interessavam por aparentar ser o povo de Deus, mas sem assumir o caráter envolvido no fato de fazer parte desse povo. Eles pediam a Deus que se exibisse, de forma que eles tivessem uma boa aparência. Você já pediu a mesma coisa a Deus?

Você já se viu em circunstâncias tais que, por envergonhar-se de sua aparência diante dos outros, pediu libertação a Deus? Será que você pede um marido a Deus por vergonha de ser solteira? Por que você ora a respeito de seu peso? Você pede um carro a Deus por vergonha de usar ônibus? Você já ficou imaginando se parecia suficientemente "salvo" para as pessoas?

Deus permitirá situações difíceis a fim de construir nosso caráter, mas muitos não querem esse caráter. Nós nos satisfazemos com as aparências. Queremos nos parecer com algumas passagens das Escrituras, mas não com todas. Todos vestimos camisetas em que se lê: "Propriedade de Deus", mas não vejo ninguém procurando camisetas com os seguintes dizeres: "Eu conheço a Deus na participação de seus sofrimentos", ou, "A obediência é melhor que o sacrifício", ou, "Ainda que ele me mate, confiarei nele". Você não vê camisetas assim porque não são frases vestidas sobre a pele, mas sobre o coração.

Um relacionamento superficial com Deus é como fumaça no nariz dele, que arde o dia inteiro. Isso nos traz um quadro bem definido. Quer dizer que há uma irritação contínua nas narinas de Deus, um aborrecimento contínuo. É como se em seu nariz houvesse algo que ele não conseguisse tirar. Algo que não cessa de incomodar e irritar. Deus está dizendo que relacionamentos superficiais o irritam, deixam-no nervoso.

O caso é o seguinte: Deus afirma que a falsidade e a superficialidade de Israel em seu relacionamento com ele são uma constante irritação em seu nariz. Se você já chegou perto de uma churrasqueira e inalou um pouco daquela fumaça preta, sabe do que estou falando. A fumaça em seu nariz incomoda e irrita suas narinas. E de onde vem essa fumaça?

O livro de Apocalipse esclarece que as orações do povo de Deus são oferecidas como incenso (v. Ap 5.8). No tabernáculo do Antigo Testamento, as orações matinais e vespertinas eram oferecidas juntamente com os sacrifícios no altar do incenso. O incenso é queimado devido a sua fragrância. Orações são incenso, e aquelas aceitas por Deus são consideradas "perfume suave" em suas narinas. As palavras do Senhor para Israel, em Isaías 65, foram uma resposta às orações feitas em Isaías 64. Mas, embora orações aceitáveis a Deus sejam um aroma suave, a fumaça das súplicas de Israel irritava suas narinas.

E o que você faz quando seu nariz tem algo que o incomoda e o aborrece? É isso aí; você entendeu. Você assoa o nariz. Deus fez exatamente isso: ele ficou furioso. Se você ler o resto de Isaías 65, poderá ver que Deus soprou sua ira sobre o povo de Israel e lhes disse tudo o que planejava fazer devido à rebelião do povo.

Não estamos livres de que Deus assoe seu nariz sobre nós. Jesus não morreu naquela cruz para que pudéssemos ser negligentes com nossa salvação. Paulo orientou-nos a nos exercitar na piedade. Isso significa que precisamos optar por suar um pouco, por nos esforçar a fim de nos tornar o povo eleito de Deus. Alguns de nós devoramos a Palavra em igrejas formidáveis, cheias do Espírito e com sólida base bíblica. Esvaziamos o prato e acrescentamos mais um estudo bíblico ou conferência bíblica que esteja por ali. E tornamo-nos santarrões. Fartos e felizes com todo nosso conhecimento bíblico, mas não santos. Deus diz que imaginamos ser "mais santos do que [ele]", mas nada pode estar mais longe da verdade. Deus declara que isso faz seu nariz arder.

Você perceberá quando Deus assoar o nariz. Ele permitirá que aconteçam algumas coisas em sua vida. Coisas que o farão agir de acordo com todos aqueles versículos bíblicos que você tem tomado em suas mãos, tem citado, comentado e invocado. Ele o fará suar. Permitirá situações que o farão utilizar tudo que sabia sobre ele mas jamais pôs em prática. Ele o humilhará. Pode suar! Ele o porá em um lugar apertado. Pode suar! Ele deixará que o persigam no trabalho. Pode suar! Mas, quando você cair em si e oferecer um espírito quebrantado e um coração contrito, em vez daquele fanfarrão, falso e enganoso, que só impressiona as pessoas da primeira fila, ele estará lá... para soprar um pouco mais de si em você. Eis quanto que ele o ama. Ele o ama demais para deixá-lo seguir em um caminho de mediocridade. Você serve um Deus excelente, que não poupará esforço até que toda a excelência depositada em você tenha se desenvolvido. O nariz de Deus devia fazê-lo lembrar-se disso, pois, visto que é seu pai, ele o ama o bastante para discipliná-lo.

No nariz humano há algo de muito interessante que quero lhe mostrar. O nariz é ligado ao ouvido médio por uma estrutura chamada trompa de Eustáquio. A trompa de Eustáquio equaliza a pressão de ar entre os dois lados do tímpano. Por esse motivo, numa cabine de avião, a mudança de pressão fará com que seus ouvidos entupam. Na verdade, não há nada em seu ouvido além de ar, e o "estalo" que se ouve é apenas a pressão sendo equalizada. No entanto, seus ouvidos não sofrem esse efeito apenas devido à pressão externa. A pressão na trompa de Eustáquio pode ser alterada quando se assoa o nariz com muita força, ou ainda quando se contrai uma enfermidade que bloqueia as vias nasais. A pressão exercida sobre o tímpano pode dificultar a audição.

Quero sugerir que um ciclo semelhante ocorre com o povo de Israel em Isaías 65, o qual o ajuda ainda mais na compreensão do nariz de Deus. As palavras de Deus para Israel, em Isaías 65, respondiam às orações apresentadas em Isaías 64. Deus afirma que as orações de Israel ardiam continuamente em seu nariz. Quero demonstrar que aquilo que ocorre em nossos narizes é o mesmo que ocorreu com Deus em relação a Israel — que poderia ocorrer, e vez por outra ocorre, em relação a nós.

Israel estava sempre em rebeldia. Essa atitude enchia as narinas de Deus de uma fumaça que o irritava ininterruptamente. Quero demonstrar que o pecado habitual e contínuo polui as passagens nasais de Deus, sendo prejudicial a sua audição. Em outras palavras, o pecado contínuo impede que Deus ouça suas orações. Dizer que Deus "ouve" orações significa que ele decidiu aceitá-las e responder a elas. Podemos ter ido muito longe com essa metáfora, mas posso recordar diversas passagens que sugerem a mesma coisa:

> Se o meu povo, que se chama pelo meu nome, se humilhar e orar, buscar a minha face e se afastar dos seus maus caminhos, dos céus o ouvirei, perdoarei o seu pecado e curarei a sua terra (2Cr 7.14).

> A ele clamei com os lábios; com a língua o exaltei. Se eu acalentasse o pecado no coração, o Senhor não me ouviria; mas Deus me ouviu, deu atenção à oração que lhe dirigi. Louvado seja Deus, que não rejeitou a minha oração nem afastou de mim o seu amor! (Sl 66.17-20).

> Do mesmo modo vocês, maridos, sejam sábios no convívio com suas mulheres e tratem-nas com honra, como parte mais frágil e co-herdeiras do dom da graça da vida, de forma que não sejam interrompidas as suas orações (1Pe 3.7).

> Portanto, se você estiver apresentando sua oferta diante do altar e ali se lembrar de que seu irmão tem algo contra você, deixe sua oferta ali, diante do altar, e vá primeiro reconciliar-se com seu irmão; depois volte e apresente sua oferta (Mt 5.23,24).

> Vão agora até meu servo Jó, levem sete novilhos e sete carneiros, e com eles apresentem holocaustos em favor de vocês mesmos. Meu servo Jó orará por vocês; eu aceitarei a oração dele e não lhes farei o que vocês merecem pela loucura que cometeram. Vocês não falaram o que é certo a meu respeito, como fez meu servo Jó (Jó 42.8).

Nessa última passagem de Jó, vemos com clareza a figura da oração como oferta aceita na presença de Deus. Ofertas, tanto de animais como de incenso, são sempre feitas sobre um altar. O conjunto incenso e altar representa a suficiência da morte expiatória de Cristo. Não teríamos acesso à presença ou à graça de Deus, não fosse o sangue derramado por Cristo.

Somente graças ao sangue

Quero que você veja agora uma última coisa que é revelada pelo nariz de Deus. Somos aceitos por Deus e diante de Deus somente por intermédio de Jesus. Eis nossa salvação. Em João 1.29, João Batista declara que Jesus é "o Cordeiro de Deus, que tira o pecado do mundo". Jesus é chamado de "propiciação pelos nossos pecados" (1Jo 2.2). Significa que ele tomou nosso lugar e, aceitando a morte na cruz por todos os pecados cometidos ou a ser cometidos, tornou possível que fôssemos admitidos na presença de Deus e, em algum momento, recebêssemos o dom da vida eterna com Deus.

Não é pouca coisa. Não trate isso de forma leviana. Se eu tirá-lo do trajeto de um carro em alta velocidade, você me agradecerá e, quem sabe, até me recompensará. Mas eu só teria salvo seu corpo. Jesus fez com que seu corpo terreno se tornasse obsoleto, e somente ele é a razão de você tornar-se uma nova criatura. Ele foi o único sacrifício aceito por Deus, como expiação pelos pecados do mundo inteiro. Como ocorre com as células de nosso corpo, o sangue significa para nós a diferença entre a vida e a morte.

Como já disse, Deus não salvou sua alma para que você lhe fizesse companhia no céu. Ele não é solitário. Romanos 8.29 diz que fomos predestinados a ser "conformes à imagem de seu Filho, a fim de que ele seja o primogênito entre muitos irmãos". Você foi salvo para se tornar semelhante a Jesus, e consegue isso agindo como ele agiu.

> Portanto, irmãos, rogo-lhes pelas misericórdias de Deus que se ofereçam em sacrifício vivo, santo e agradável a Deus; este é o culto racional de vocês (Rm 12.1).

Mais uma vez, isso diz respeito a nossa imagem: somente nesse momento, graças a Cristo, tornamo-nos uma oferta para Deus. Deus deseja que lhe ofereçamos mais do que simples orações. Ele nos quer por inteiro. A palavra "culto" significa, na verdade, "adoração" e denota especificamente uma adoração sacrificial. Deus quer que *sejamos* adoração, não que *façamos* adoração. Ao mesmo tempo que ofertamos, somos a oferta. Você conseguiu entender isso? Nosso corpo é o sacrifício, mas somos nós que sacrificamos nosso corpo. Mas veja bem: é possível que alguém finja ser um sacrifício. Você pode simular, o dia inteiro, ter entregue sua vida a Deus. No entanto, nessa passagem, Deus também afirma querer que você faça uma escolha. O sacrifício só estará completo se você tomar a decisão íntima de entregar sua vida a Deus. Algo que não aceita nenhum tipo de fingimento.

É aí que entra a palavra "racional": significa "relativo à razão". Ela indica que seu culto, ou adoração a Deus, não é algo tão somente expresso em sentimentos, mas reflete e supõe uma entrega consciente. Adorar a Deus deve fazer sentido para você. Quando as pessoas vêem seu relacionamento com Deus não podem se divertir com o que presenciam, mas precisam acreditar que você fez uma boa escolha. Se você ama a Deus, deve saber o porquê. Se você crê que Deus é digno, deve saber o porquê. Se você grita: "Obrigado, Jesus!" a plenos pulmões, não há problema. Só tenha consciência do porquê.

Nessa passagem, Deus pede você por inteiro: corpo, mente e espírito. Sua adoração envolve o espírito, pois, como disse no início do capítulo, Deus procura por adoradores espirituais. Envolve também sua mente, visto que é racional. E seu corpo, que é oferecido, só é aceitável diante de Deus graças ao que Jesus fez por você. Há uma conexão divina entre sua salvação e sua adoração.

Em razão do que Cristo fez pela sua vida, você é capaz de se assemelhar a ele e oferecer-se como sacrifício ao Pai. E, em razão do sangue de Cristo, você se torna um sacrifício aceitável. Graças a Jesus, você pode se tornar o perfume suave de um sacrifício que agrada a Deus. O mesmo nariz que soprou vida em você inala agora a agradável fragrância da oferta de seu próprio ser.

Não é possível perceber um odor sem respirar, e não dá para respirar sem perceber odores. Da mesma forma, não é possível salvação sem adoração, nem adoração sem salvação. Salvação. Você vive para se tornar um sacrifício. Adoração. Ele precisou morrer para que você pudesse viver. Agora você precisa morrer para que ele possa viver em você. É totalmente lógico.

O nariz é uma característica destacada e evidente em seu rosto, e faz grande diferença em seu aspecto. Contudo, se você ficar preso às aparências, não perceberá a verdadeira beleza do nariz, ou seja, seu propósito e função. O nariz está ligado a todos os outros órgãos sensoriais da face: ouvidos, olhos e boca. É projetado para proteger esses órgãos e o resto do corpo, filtrando e removendo poeira e outros detritos. Está diretamente ligado aos centros do cérebro que regulam a memória, as emoções e o humor. Você pode sentir um odor que faça reviver em você fantásticas recordações, mude seu humor e desperte emoções intensas e ardentes.

Ao olhar o nariz de Deus e ver as manifestações visíveis do amor que ele tem por você, como proteção e provisão, é preciso lembrar que tudo isso é muito pequeno se comparado à verdadeira beleza de sua salvação e adoração. É preciso lembrar como todos os sentidos de Deus se colocam em ação a seu favor. É preciso saber que sua proteção inclui evitar que os detritos do pecado permaneçam em sua vida. Ao olhar o nariz de Deus, o mais importante é você saber que sua adoração racional, sincera e santa — possível graças a sua salvação — é inalada por Deus e desperta sentimentos e emoções poderosos e intensos... a seu respeito. Um dia desses, peça a Deus que lhe mostre o que ele pensa de você. Vez ou outra, ele falará dentro de seu espírito e dirá: "Que maravilha!".

Uma palavra de sabedoria: a boca de Deus

Para que as palavras invadam o coração das pessoas e ali frutifiquem, é preciso que sejam corretamente formadas, de tal modo que consigam romper as defesas do ser humano e explodir, de maneira silenciosa e eficiente, em suas mentes.

J. B. PHILLIPS, *MAKING MAN WHOLE*
[*TORNANDO O HOMEM UM SER COMPLETO*]

A boca de Deus é a mais encantadora de todas suas características. Dentre todas as partes de sua anatomia, essa é a que melhor representa sua personalidade. O fato de ele falar em todas as coisas diz muito a seu respeito. Ele é Deus. Todas as coisas estão nele. Ele nunca está sozinho porque sempre está consigo mesmo e é o suficiente em si mesmo todo o tempo . Ele realmente precisa falar? Que poderá dizer que ele mesmo já não saiba? E ainda assim, ele abre a boca e a vida surge, pois isso é tudo que pode advir daquele que é a essência da vida.

Diverte-me ver as representações das conversas de Deus no cinema ou na televisão. Via de regra, há um estrondo e uma voz grave e autoritária, acompanhada por trovões, raios e tremores de terra que dão ênfase a cada palavra. Não é de admirar que as pessoas tenham medo de conhecê-lo. Mas note bem: não quero dizer que essas representações estejam totalmente erradas. Se alguém merecer que seu discurso seja marcado por furacões e montanhas despencando, Deus não deixará de fazê-lo. Todavia, ao limitar nossa compreensão de diálogo com Deus a sinistras ameaças de ira e de destruição iminente, carregadas de violência e de explosões, estaremos prestando um desserviço tanto a ele como a nós mesmos. A boca de Deus não se resume a isso e, de dentro dela, podemos obter muito mais do que isso.

A boca de Deus revela as intenções e prioridades que ele possui. Todos já vimos ou ouvimos falar de diálogos entre pais de belas moças e rapazes que desejam namorá-las. O pai, austero e carrancudo, pergunta: "Rapaz, quais são suas intenções com minha filha?". Ele deseja saber, naquele momento, de forma franca, o que o rapaz planeja para sua querida criança. Quando jovem, eu não conseguia compreender essa pergunta. Minhas intenções? Minhas intenções são ir ao *show* e depois, quem sabe, comer um hambúrguer.

Mais tarde, já com duas filhas, aprendi que essa pergunta é feita para estabelecer um pacto de confiança entre o pai e o rapaz. Você quer deixar claro (falando agora como pai) para o rapaz que permitirá que saia pela porta com algo de grande valor para você. Você explica (avisa) que espera recebê-la de volta em perfeitas condições. Portanto, você o olha seriamente (de forma ameaçadora) e pergunta: "Meu jovem, quais são suas intenções?". Se você representar direito seu papel, o garoto ficará ansioso para lhe dizer a verdade, ou talvez fique com medo de não fazê-lo.

> A boca de Deus revela as intenções e prioridades que ele possui.

Deus fez de você o administrador de sua vida. Certo dia, porém, pediu que você a entregasse para ele. Sua primeira pergunta dirigida a Deus pode ter sido: "Quais são suas intenções comigo?" Você tem grande valor para si mesmo. Alguns de nós sabem bem o que significa ser maltratados e prejudicados. Em conseqüência, não corremos para nos entregar novamente só porque alguém pediu. Portanto, queremos saber: "Deus, quais são suas intenções?". Ao contrário do jovem mencionado acima, Deus não precisa ser intimidado para dizer a verdade. Ele é a verdade. Além disso, ele também compreende a preocupação que temos com nosso "tesouro". Portanto, para nos tirar esse peso dos ombros, Deus contou-nos, com sua própria boca, todas suas intenções.

Ele tenciona nos amar e proteger. Pretende nos abençoar e agraciar com sua presença. Quer nos disciplinar e corrigir. Não tem intenção alguma de devolver-nos a nós mesmos. Ele pretende manter-nos para si. E ele quer que estejamos em melhor forma que aquela que exibíamos quando nos pegou. Tudo isso Deus nos disse, de forma gentil e delicada, em sua palavra.

É difícil atribuir grande versatilidade à boca de Deus. Ela fala. Nossa boca sorri, mas a de Deus, não — pelo menos não da forma como nós sorrimos. O "sorriso" de Deus é um resplandecer de sua face. Como é a fonte de toda a alegria, Deus não precisa sorrir. Ele *é* o sorriso. Nossas bocas comem e mastigam. Ele existe por si só e não necessita absorver substância alguma, pois tudo já está nele. Nossas bocas beijam, expressam nossas emoções e as enfatizam. Deus fala com sua boca.

Num primeiro momento, você pode se sentir tentado a pensar que a boca de Deus é mais limitada em seus atributos do que a sua. Mas, ao levar em conta palavras dele, inúmeras facetas se revelam diante de seus olhos. Nossas bocas dizem palavras. A boca de Deus profere sua Palavra, e ele é sua Palavra. Assim, quando a boca de Deus fala, e o que é dito é o próprio Deus. Suas palavras são tão criadoras e poderosas quanto ele e, assim como ele, possuem o poder de dar a vida e de transformá-la. Elas estão impregnadas com suas emoções. Como ele é amor, todas suas palavras são amor. Podem nem sempre soar assim para nós, mas não esqueça de que a boca de Deus é a revelação das intenções e prioridades de Deus.

A boca de Deus já foi usada em diversos idiomas, metáforas e figuras de linguagem, com referência a determinada dinâmica de reação de Deus. Em diversas partes das Escrituras, você encontra a expressão "consultar a Deus". Consultar a Deus é consultar sua vontade, instrução ou orientação. Significa aconselhar-se com Deus. A "vara" da boca de Deus fala sobre a repreensão divina. O "juízo" de Deus é a manifestação de sua ira, na maioria das vezes, sobre seus inimigos. "Juízo de Deus" também é sinônimo da lei, da palavra e da vontade de Deus.

Por diversas vezes, encontramos nas Escrituras a expressão "saiu fogo da boca de Deus", que é conseqüência ou exemplo da tempestuosa fúria de Deus. O nariz, que vimos no capítulo anterior, é outro exemplo. A expressão "segundo a boca de Deus" aparece 24 vezes no Antigo Testamento. Dessas 24 ocorrências, dezoito estão no livro de Números, o que indica grande concentração dessa expressão no Pentateuco, ou Torá, que é a lei de Deus. Ou seja, os cinco primeiros livros da Bíblia — Gênesis, Êxodo, Levítico, Números e Deuteronômio — trazem a maior parte das ocorrências da expressão "segundo a boca de Deus". A lei era uma revelação da vontade e das ordens de Deus, transmitidas por sua boca.

Ao examinar a boca de Deus, quero focar nossa atenção em duas categorias amplas: o falar da boca de Deus e as palavras que procedem dela. O modo e o motivo por que Deus fala não podem ser dissociados de suas palavras, e todas suas palavras trazem a marca inconfundível de seu objetivo e propósito para falar.

Deus fala

Nosso Deus não guarda silêncio. Ele fala, e continua falando. Fala de maneira ativa, contínua e sempre com uma razão. A boca de Deus jamais fica ociosa. Ele não se envolve em conversas inúteis e sentimentos fingidos. Os motivos de suas palavras são diversos, mas todos possuem uma base comum, o relacionamento com a criação.

Antes de tudo, Deus fala para demonstrar e exprimir seu relacionamento com a criação. Gênesis 1.1 diz: "No princípio Deus". A Bíblia, por sinal, nunca defende a existência de Deus. Ela jamais debate o assunto, pois supõe a presença de Deus já em suas primeiras palavras: "No princípio Deus". Encontramos uma revelação logo aqui. O princípio é o começo de algo, mas, para que alguém estivesse "no princípio", seria preciso existir antes de "o princípio" começar. Deus não tem um começo. Ele sempre existiu, e foi ele que, em sua existência eterna, pôs o relógio, chamado tempo, a funcionar.

No princípio, Deus, que têm existência em si mesmo criou o princípio, começou criando algo do nada. Ele fez isso falando. O relacionamento entre Deus e sua criação começou quando ele abriu a boca e falou, trazendo-a à existência. Na Bíblia, lemos "disse Deus" muitas e muitas vezes. "Disse Deus: Haja luz" (v. 3). Ele não gaguejou nem a voz tremeu. A luz passou a *existir*. Não houve debates nem discussões. Deus não teve de pedir à luz que existisse. Não foi preciso chamá-la de lado e conversar com ela. Não houve negociações. Deus não precisou dar propina à luz. Ele não falou à luz: "Ouça, farei um negócio com você. Se você vier, pago doze dólares por dia. É a mesma oferta que farei para a noite. Isso dá um dólar por hora. Fechado? Fechado. Já, já, chamarei você. Não me faça chamar duas vezes". Não, Deus não teve tal conversa com a luz. Quando Deus disse: "Haja luz", a luz passou a existir.

Esse conceito é tão difícil de entender que lutamos contra ele. Temos dificuldades para admitir a verdade de que algo surgiu do nada apenas porque a boca de Deus declarou sua existência. Não havia nada. Nenhuma cor, nenhum tempo, nada curto ou longo, reto ou curvo. Nenhuma medida, profundidade, direção, nenhum *espaço*. Como ele sabia o que fazer? Não havia idioma. Como ele sabia o que dizer? Não havia expressão alguma, somente a existência. Como ele sabia *falar* alguma coisa? Como é possível que ele não tenha "começado"? Antes de mais nada, isso tudo é demais para nós. Só podemos voltar até o ponto em que pelo menos faça sentido para nós.

Por intermédio de sua boca, Deus criou todas as coisas e estabeleceu relacionamento com elas. A criação é sempre definida, limitada e sujeita às possibilidades e restrições determinadas por seu criador. Deus criou todas as coisas e decidiu o que eram, como viveriam e o quanto viveriam. Criou os relacionamentos entre todas elas e os limites desses relacionamentos. Leões e elefantes podem viver no mesmo lugar, mas não podem se unir para procriar. Um peixe pode viver na água, mas não em terra seca. Alguns animais podem nadar, mas não são capazes de viver embaixo d`água. Conforme a palavra da boca de Deus, não podemos conversar com uma girafa, mas podemos conversar entre nós. Deus mandou que nos multiplicássemos, e é o que fazemos. Todas as coisas foram feitas por intermédio de palavras da boca de Deus. Da mesma forma, o modo de proceder de todas as coisas é definido pela palavra de Deus.

Portanto, é curioso que questionemos tanto o que ele nos diz. Se você passou a existir pela palavra de Deus, será que ele não sabe o que você pode ou não fazer? Você acha que um guepardo, ao ver uma gazela, pode dizer: "Não, deixa pra lá. Eu não consigo pegá-la e, mesmo que pudesse, não sei se ela me deixaria devorá-la"? Por acaso, as árvores se preocupam se vão ou não dar frutos ou se eles serão suficientes? Soa como uma tolice, não é mesmo? Você alguma vez duvidou de sua capacidade de realizar algo que Deus já o mandou fazer? Até deixaremos de lado seu ministério, os relacionamentos ou qualquer detalhe específico de sua vida. Que tal falarmos de santidade, obediência ou fé? Essas palavras não foram proferidas por Deus como regras a ser seguidas? Quantas vezes Deus precisará lhe dizer o que fazer para que você creia nele; quanto mais obedecer?

Não apenas passamos a existir pela palavra de Deus, mas é também por sua palavra que desenvolvemos o relacionamento com ele. Deus aprimora nosso relacionamento com ele. Veja o que Jesus disse em João 14.21.

> Quem tem os meus mandamentos e lhes obedece, esse é o que me ama. Aquele que me ama será amado por meu Pai, e eu também o amarei e me revelarei a ele.

Não dá para ir muito longe sem ter isso na alma. A pessoa que Jesus e o Pai amam é aquela que tem a Palavra de Deus e não se limita a ouvi-la, mas a põe em prática. E foi para essa pessoa que Jesus prometeu se revelar. Conseguiu entender a cronologia? Observe a seqüência e o desenrolar do texto. Você sabe o que Deus disse, põe em prática o que ouviu e, por fim, Jesus se revela.

A palavra "revelar" é muito importante. Significa desvelar, manifestar, tornar-se visível. Quer dizer ainda apresentar-se às vistas de alguém, ser evidente. Jesus disse que, se você conhecer a Palavra e obedecer a ela, ele se tornará evidente em sua vida. Não haverá dúvidas sobre essa presença de Deus.

Mas "revelar" ainda possui uma outra dinâmica. A palavra também significa declarar, falar, e tornar conhecido por meio de palavras. Assim, a Bíblia afirma que a pessoa que conhece e pratica a Palavra será recompensada com a bênção de uma outra palavra de Deus.

Muitos de nós aguardam Deus falar sobre o que ele não realizou em nossa vida, e Deus aguarda que façamos o que ele já falou. Deus assevera que se revelará àqueles que já caminham em obediência. A interpretação disso é caminharmos na luz que já possuímos. Deus jamais espera que você obedeça ao que ele não falou. Não é possível obedecer a algo que você não conhece. Mas, ao caminhar na verdade que você já conhece e ser obediente ao que você já sabe, Deus revela aquilo que você ainda não sabe. Você não apresenta condições de receber o que não conhece até que ponha em prática o que já conhece.

Você pode percorrer de carro todo o caminho da Califórnia até Nova York, mas, se a viagem for à noite, só percorrerá alguns metros por vez, visto que os faróis do carro só iluminam poucos metros à frente. Os faróis não conseguem iluminar todo o caminho da Califórnia até Nova York. Se ficar na Califórnia esperando que Deus estenda uma luz de Los Angeles até Nova York, você desistirá. Na verdade, não: mesmo depois de estar bastante cansado, você continuará esperando.

Deus dá luz suficiente para que você prossiga pouco a pouco e, por vezes, só dá para ir até onde a luz alcança. Aqueles que tentam dar um passo gigantesco acabam por perder o fio da meada, pois o que Deus quer mostrar está nos pequenos passos. Quer uma esposa? Pare de abordar a esposa de outro homem. Só após isso

Deus poderá prepará-lo para receber a revelação sobre a mulher destinada a você. Quando você obedece, Deus fala. Ele o favorecerá quando você for bem-sucedido. No sistema educacional de Deus, ninguém é automaticamente aprovado. Até aprender a lição atual, você continuará enfrentando teste após teste. Quando você estiver preparado, ele o passará para a fase seguinte. Não peça a Deus que o aprove em álgebra, se você não sabe sequer a tabuada.

Deus avisa que falará mais à medida que reagirmos ao que já foi dito. Por esse motivo, as palavras de Deus não se destinam apenas a acentuar e expressar o relacionamento, mas têm também o propósito de envolver-nos em nosso relacionamento com ele. Como disse anteriormente, Deus não fala sem uma razão. Mas o que Deus expressa quando fala só tem significado para aqueles com quem ele fala. Se ele fala com você, é porque suas palavras são para você. As palavras de Deus não tocam sua vida por acidente. Não é por acaso que você ouve a Palavra de Deus. O plano de Deus para nossa vida é envolver-nos com ele. Quando ele fala, cabe-nos ouvir, e ouvir de forma dinâmica. Deus define o ato de ouvir de maneira bem distinta da nossa. Para ele, só teremos ouvido completamente quando reagirmos ao que ele disse.

Jesus disse quinze vezes: "Aquele que tem ouvidos ouça". Dessas quinze ocorrências, sete estão no livro de Apocalipse, quando ele acrescenta: "Aquele que tem ouvidos ouça o que o Espírito diz às igrejas". Deus fala, e o faz visando envolver-nos em nosso relacionamento com ele. Logo, ele diz: "Eu falo; você escuta".

Êxodo 20 demonstra com grande propriedade como é a maioria de nós. Deus tinha acabado de falar com Moisés no monte Sinai e já havia lhe passado os Dez Mandamentos. Não eram dez sugestões ou dez opções facultativas. Não havia um sinal de interrogação no fim de cada um nem um preâmbulo dizendo: "Se vocês quiserem...".

Quando Deus declarou sua lei, manifestou sua intenção para aquele povo e as prioridades que estabelecera para eles. Siga o texto a partir de Êxodo 20.19. Moisés acabara de descer da montanha, e o povo havia ficado observando a montanha. Tinham assistido a trovões, sons de trombetas, fumaça e, ao ver tudo isso, tremeram e recuaram. Mas, quando Moisés chegou, já estavam bastante convencidos de que Deus não estava brincando com eles.

> E disseram a Moisés: "Fala tu mesmo conosco, e ouviremos. Mas que Deus não fale conosco, para que não morramos".

Temos um problema nesse ponto. Antes de tudo, aquelas pessoas eram o povo de Deus e não queriam falar com Deus. Queriam que o homem de Deus falasse com ele e lhes retransmitisse suas mensagens. "Moisés, suba a montanha. Conte-nos o que Deus disse e o faremos." Em segundo lugar, eles não tinham intenção alguma de obedecer a Moisés, pois sempre que Moisés lhes transmitiu as palavras de Deus, eles discutiram e murmuraram contra ele.

Mas espere um pouco! Você precisa reconhecer que eles não eram tolos. Se você fosse um deles e pudesse escolher ser instruído por Deus ou por Moisés, escolheria Moisés sempre. Mesmo não admitindo, eles sabiam que não obedeceriam. Assim, era mais fácil discutir e ponderar com Moisés, visto que Moisés não podia transformá-los em poeira.

Não todos, mas alguns de vocês têm se sentido confortáveis com um pregador no papel de Moisés. Abrem a Bíblia, uma vez a cada sete dias, a fim de ouvir de outra pessoa o que Deus tem a lhes dizer. Alguns se sentem tranqüilos em seu relacionamento com Deus, pois calculam que, por comparecerem religiosamente à igreja e mecanicamente assumirem seus lugares, o homem ou a mulher de Deus descerá da montanha com uma palavra recebida de Deus. Em parte, esse comportamento advém de muitas igrejas não ensinarem a importância de se ter um relacionamento pessoal com Deus. Algumas pessoas não sabem que podem se achegar ao trono sem a permissão de seu pastor, e que Deus aguarda ansiosamente sua chegada.

No entanto, outros são como Israel. Você evita conversar com Deus por saber que, ao fazê-lo, quando Deus falar com você e somente com você, algo terá de morrer. É possível discutir com um pastor ou argumentar com um pregador. Pode-se discordar e, depois, continuar a tratar de sua vida. Mas, ao ter um encontro íntimo e pessoal com Deus, ele aniquilará algumas coisas em sua vida. Ele não permitirá que você entre em sua presença com o pecado. Tão logo ele fale que algumas coisas precisam morrer, você pode esquecer de ir além até obedecê-lo.

Quando queremos manter maus hábitos, relacionamentos prejudiciais e comportamentos pecaminosos, evitamos nos aproximar demais da Palavra de Deus. Com certeza, não queremos entrar em sua presença para que ele comece a aniquilar-nos. Meu irmão, você tem uma escolha. Minha irmã, aqui estão suas opções. Vocês podem permitir que a verdade da Palavra de Deus comece a aniquilar tudo o que atrapalha o relacionamento de vocês com ele, impedindo sua santificação; ou podem assistir enquanto fenecem as bênçãos de um relacionamento com ele. Você pode deixá-lo destruir sua língua enganosa, ou assistir enquanto sua unção é abatida. Pode deixá-lo exterminar aquele romance iníquo, ou ver sua paz morrer. Pode deixá-lo cortar o vício das drogas, ou assistir enquanto sua alegria míngua. Pode deixá-lo abater seu orgulho, ou ver seu dom de visões desaparecer. Ele quer gerar vida em vocês — vida em abundância — e vocês querem trocar essa vida pela morte?

Suas palavras são vida

Se você mesmo for para a montanha e deixar morrer o que precisa desaparecer, descobrirá que Deus tem esperado por uma oportunidade de mostrar o que pode fazer em sua vida. Lembre-se de que Deus não se limita a gerar a vida do nada; ele também pode gerar vida de algo que está morto. Ele não é apenas o Deus da criação, mas também o Deus da ressurreição. Está ansioso para adentrar sua solidão e criar um amor abençoado pelas palavras de sua própria boca. Deus afirma que, se você deixar algumas coisas morrerem, desviando-se delas e tomando-lhe a mão, ele o levará a uma bênção que já foi criada por sua palavra.

Para mim, uma das características mais maravilhosas da boca de Deus é o fato de ela ser auto-suficiente. Como Deus é vida e é também sua própria palavra, suas palavras são vida. Tudo que preciso para viver está em Deus e na boca de Deus. Desse modo, quando ele fala comigo e diz que deseja a destruição de algumas coisas em mim e em minha vida, não há dúvida de que sua palavra será imposta; a palavra fará o que precisa ser feito. Isaías 55.11 diz que a palavra de Deus não volta vazia, mas atinge o propósito para o qual foi enviada. Pense nisso. A palavra de Deus realiza o que ele diz. Ele não disse que fulano, beltrano ou sicrano farão o que ele disse. A capacidade de fazer tudo o que Deus manda está no próprio mandamento. Por quê? Já disse anteriormente que, ao criar, Deus decide o que algo ou alguém é capaz de fazer. Por esse motivo, quando ele dá uma ordem, está implícita a capacidade de cumprir.

Nosso relacionamento com Deus, expresso e demonstrado por sua Palavra, nos envolve e, depois, nos salva. Somos salvos e santificados pela própria palavra de Deus que nos criou. Observe em João 1.1 que "no princípio era aquele que é a Palavra". Continuando a ler, você verá que a Palavra estava com Deus, e que a palavra era Deus, porque a Palavra é Jesus Cristo.

Toda a Palavra de Deus está em Jesus Cristo. Ele representa o amor de Deus por nós. Se você algum dia quiser conhecer a Deus como alguém maior do que uma nuvem negra e tempestuosa sobre uma montanha, preste atenção no que ele diz por intermédio de Jesus. Não há nada mais apaixonante que a Palavra que surge em Jesus e por intermédio dele. Deus falou a você interminavelmente quando Jesus morreu por você.

Deus fala, hoje e sempre. Ele nunca fica perplexo com você. Em 1Pedro 1.23 afirma-se que fomos regenerados por meio da semente imperecível da Palavra de Deus, que vive e permanece para sempre. Isso significa que a Palavra de Deus continuará viva e habitando em nós por toda a eternidade. Embora não deixe de ser uma semente. Isso quer dizer que, para crescer, ela precisa ser plantada, regada e nutrida.

Mateus 13 diz que a semente foi semeada em você. A Palavra está em você. A questão não é: "Existe aqui uma palavra de Deus?". A questão é: "Você a ouvirá? Você quer ouvi-la?". Ou uma pergunta ainda melhor: "Como está seu coração?". Jesus disse que o estado de seu coração determina a disposição e a capacidade de ouvir o que procede da boca de Deus.

Você está pronto para ouvir o que procede da boca de Deus?

A boca de Deus está sempre falando. Fala para convidá-lo, incentivá-lo, transformá-lo e confortá-lo. Fala sobre qualquer problema que você tenha e quaisquer anseios que você possa expressar (e até alguns que você jamais ousou demonstrar). A boca de Deus é uma declaração das intenções dele para sua vida.

Algum tempo atrás, minha filha trouxe um jovem até nossa casa para me conhecer. Ela havia me dito que, assim como eu, ele era pregador. Ele, como eu, amava a Palavra. Quando o conheci, fiz o que sempre faço ao conhecer os rapazes que minha filha traz para casa. Perguntei sobre suas intenções. É claro que já estamos no novo milênio e não cabe levar o rapaz ao escritório e, em meio a charutos, falar sobre "assuntos do coração", mas mesmo assim queria saber o que aquele homem queria com minha garotinha. Em seguida esperei e permiti que suas ações falassem comigo. Um dos momentos de maior orgulho em minha vida foi ter o privilégio de realizar o casamento dele com minha filha. Ele provou que suas intenções para com minha filha eram boas, e eu a entreguei com alegria.

Não escrevi este livro para lhe proporcionar diversão. Não quero impressioná-lo ou exibir-me para você. Apresento-me como um semeador abençoado com o privilégio de semear a Palavra de Deus. Se você pegou este livro para ler e chegou até aqui, não foi por acaso. Deus não estava mirando em outra pessoa e o atingiu por acidente. Não acredito que você esteja interessado em saber se há ou não uma palavra da boca de Kenneth Ulmer. Se for esse o caso, devo alertá-lo que minha boca não pode criar. Minha boca não pode salvar. Minha boca não santifica nem ressuscita os mortos. Se você veio em busca de uma palavra minha, não vou dizer que você veio ao lugar errado. Claro que não. Com Deus, não existem casualidades. Eu realmente tenho uma palavra para você, mas ela não é minha.

Deus enviou-me para lhe dizer que sua Palavra, de Gênesis ao Apocalipse, é uma carta de amor que descreve suas intenções para com você. Em oração e adoração, Deus destacará e exporá porções precisas. Dará a você a oportunidade de reagir a suas palavras, como um enamorado reage ao que lhe é sussurrado ao ouvido. Sim, Deus sussurrará a você. Aliás, ele apenas aguarda seu pedido para deixar a montanha e falar com você.

Você quer ouvir o que ele tem a dizer?

Poder com um propósito: a mão de Deus

Senhor, estou disposto a
Receber o que deres,
abster-me do que negares,
Abrir mão do que tomares,
E sofrer o que impuseres.
E, Senhor, se tomares outras pessoas
Como mensageiros para mim,
Estou disposto a ouvir e atentar
Ao que elas disserem. Amém.

NELSON MINK, *POCKET PEARLS* [*PÉROLAS DE BOLSO*]

É provável que não haja representação — simbólica ou literal —, ilustração ou metáfora tão complexas e multidimensionais, quanto as apresentadas pela constituição e pelas operações do braço, da mão e dos dedos de Deus. Não há nenhuma outra parte da todo-poderosa anatomia de Deus que nos traga tantas nuanças, facetas ou vislumbres de sua natureza, caráter e motivação.

É fácil verificar isso ao observar a anatomia humana. A estrutura do braço é formada por três grandes ossos — úmero, cúbito e rádio — que agem em conjunto para puxar, empurrar, bater e atuar exatamente como o Pai, o Filho e o Espírito Santo operam em conjunto. A mão no fim do braço tateia, agarra, oferece e ajunta, ao passo que os dedos se encarregam de tarefas mais complexas, comunicações mais íntimas e expressões indicadoras.

À medida que você desce pelo braço, as atividades se tornam mais específicas. De forma semelhante, ao seguir pelo braço de Deus em direção à mão e aos dedos, as funções se tornam mais precisas, e os assuntos ficam mais específicos. No entanto, é preciso compreender que braço, mão e dedos operam como uma unidade. Nas Escrituras, são algumas vezes mencionados juntos e não raro expressam conceitos intercambiáveis. No tocante à criação, por exemplo, Jeremias disse: "Ah! Soberano SENHOR, tu fizeste os céus e a terra pelo teu grande poder e por teu braço estendido. Nada é difícil demais para ti" (Jr 32.17). Davi contempla o mesmo momento em Salmos 8.3, considerando-o como trabalho dos dedos de Deus. Quando Deus enviou a praga dos piolhos sobre o Egito, os magos do Faraó disseram que o ato fora perpetrado pelo "dedo de Deus", embora Deus afirmasse que "a mão do SENHOR" havia trazido praga sobre os animais (v. Êx 8 e 9). No entanto, alguns aspectos do comportamento de Deus se relacionam a partes específicas.

Apesar dos braços, mãos e dedos serem representações usuais de poder, o dedo, devido a seu tamanho, carrega a conotação de autoridade. Foi o dedo de Deus que traçou os Dez Mandamentos nas placas de pedra (Êx 31.18). Jesus, "pelo dedo de Deus", expulsou demônios e essa ação declarava que "então chegou a vocês o Reino de Deus" (Lc 11.20).

Uma pessoa com autoridade, para chamar alguém, precisa apenas sinalizar com o dedo. Basta que os pais apontem algum objeto para a criança compreender que deve pegá-lo. Quando eu não me comportava na igreja, minha mãe apontava o dedo para mim. Apenas ao ver aquele dedo, sabia que devia sentar direito ou estaria encrencado quando chegasse em casa; ou as duas coisas! Às vezes, fico imaginando por que meus pais não me apontavam o dedo antes de eu começar a fazer bagunça, para que eu soubesse que eles estavam vigiando.

A mão de Deus representa de forma singular a posse e o controle que ele exerce sobre algo. Essa imagem traz implícita a autoridade de Deus. Aliás, quando Jesus declara, em João 10.29: "Meu Pai [...] é maior do que todos; ninguém as pode arrancar [minhas ovelhas] da mão de meu Pai", a autoridade de Deus está clara e permeia todo o texto. No entanto, o principal aqui é a idéia de posse.

As conseqüências do pecado nos obrigam a estar sob a mão controladora de Deus. No em salmo 32, nosso garoto, Davi, fala sobre o que alguns estudiosos acreditam ser seu pecado com Bate-Seba. Ele diz que, enquanto manteve seu pecado escondido, sofria imensamente, pois, entre outras coisas, a mão de Deus pesava sobre ele. É como se alguém capturasse você, impedisse seus movimentos e, em seguida, o apertasse até você gritar: "Tio!". Acontece que, nesse caso, seria melhor chamar: "Pai!".

Quando você resiste a confessar seus pecados diante de Deus, ele permite que sua iniqüidade o cerque e pressione até que você esteja farto. Mas, farto de quê? Farto do sofrimento, do desgosto, da solidão, da vida superficial, da falta de alegria, da frieza, do deserto árido. Davi disse que seu "humor" se transformou em "sequidão" (Sl 32.4; AF). Quando você se desvia, ou mesmo se afasta, da água viva de Deus, ele deixa que você vá para bem longe dele e, depois, pressiona a mão sobre você. E, se você pressiona com bastante força um objeto que já está seco, esse objeto acaba por ceder. Por esse motivo, ao confessar e se arrepender do pecado com Bate-Seba, Davi disse em Salmos 51.8: "Faze-me ouvir de novo júbilo e alegria, e os ossos que esmagaste exultarão". Deu para entender? Deus esmagou os ossos. A mão de Deus é generosa, gentil e tudo provê. Mas também é poderosa para impedi-lo de seguir por um caminho que o levará à destruição. É mão de autoridade.

Já no que se refere especificamente ao braço de Deus, há o conceito de proteção e conforto. Isso ocorre sempre que o braço de Deus é mencionado no plural. Em Isaías 51.5, o braço de Deus traz justiça a seu povo. E em Deuteronômio 33.27: "O Deus eterno é o seu refúgio, e para segurá-lo estão os braços eternos".

Existe um antigo hino cujo refrão diz:

> Descansando
> Nos eternos braços do meu Deus.
> Vou seguro
> Descansando no poder de Deus.[1]

Esse é o quadro apresentado aqui. Quando Deus toma você em seus braços, apertando-o contra o peito, de maneira alguma você corre o risco de se ferir. Dos braços de seu Pai celestial, você pode esnobar o diabo e dizer: "Nã-nã-ni-nã-não! Você não pode me pegar!".

Embora braço, mão e dedos representem aspectos específicos da natureza de Deus, na maioria das vezes estão inter-relacionados ao longo de toda a Escritura, no que diz respeito à forma e à função. Assim, os estudaremos como um conjunto. Nos três capí-

[1] *Estou Seguro*, letra: Elisha Albright Hoffmann (1839-1929), música: Anthony Johnson Showalter (1858-1924), tradução: Ricardo Pitroswick (1891-1965).

tulos dedicados a esse estudo, o termo "a mão de Deus" fará referência a braço, mão e dedos de Deus. Juntos, os três salientam diversos atos e posturas no que diz respeito a Deus. Ele possui mão para orientar e para disciplinar. É a mão que supre e protege, ao mesmo tempo que dá e orienta. A mão de Deus fala do poder e da autoridade de Deus. A mão de Deus é rica em revelações a respeito do caráter divino.

A mão que liberta

Em Deuteronômio 26, encontramos a mais viva ilustração de como a mão de Deus opera. O versículo 8 dessa passagem diz: "Por isso o SENHOR nos tirou do Egito com mão poderosa e braço forte, com feitos temíveis e com sinais e maravilhas". Moisés, nesse livro da Escritura, afirma que Deus libertou seu povo. Diz ainda que Deus os levou a uma outra terra. A versão Almeida Fiel diz que Deus os tirou do Egito com mão forte e braço estendido.

Ao estudar a história da saída de Israel do Egito, você quase sempre verá um retrato, um paradigma, um padrão de salvação. Ou seja, a história do povo de Israel sendo redimido e libertado do Egito é idêntica à libertação que experimentamos em nossa salvação por Jesus Cristo. Aliás, no Novo Testamento, você encontra freqüentes referências a Moisés ou ao Egito que o remetem de volta a esse mesmo acontecimento. Naquela época, como ainda hoje, a palavra libertação evoca na mente judaica esse capítulo específico de sua história. Quando os apóstolos pregavam especificamente para judeus, essa relação era por demais útil para levá-los a salvação. Hoje em dia, esses registros veterotestamentários nos ensinam as verdades eternas traçadas no Novo Testamento. Em outras palavras, se observarmos a mão de Deus e sua atuação em favor de Israel no Egito, entenderemos de forma mais clara o modo como ela ainda hoje nos liberta.

Ao examinar esse acontecimento na história de Israel, quero que você repare em como são freqüentes as referências à mão de Deus, com constantes alusões à obra realizada por ela, como na seguinte passagem..

Assim como libertou Israel, a mão de Deus ainda hoje nos liberta.

> Por isso o SENHOR nos tirou do Egito com mão poderosa e braço forte, com feitos temíveis e com sinais e maravilhas. Ele nos trouxe a este lugar e nos deu esta terra, terra onde manam leite e mel. (Dt 26.8,9)

Observe as funções da mão: ele nos tirou, nos trouxe e nos deu algo. A Bíblia não diz que ele nos "enviou" ou mesmo, nessa passagem em particular, que nos "liderou" para fora, visto que essa duas descrições passam a idéia de um Deus distante. Se Deus nos envia, é como se disséssemos que ele fica e nós partimos. Se ele nos lidera, ele vai, e nós o seguimos. Fica a impressão de que ele está bem à frente, enquanto nós corremos atrás. É lógico que as Escrituras trazem importantes exemplos desse conceito, mas aqui Deus fala de forma específica sobre tirá-los para fora e prossegue dizendo que os tira com o poder da mão dele. Assim, a mesma mão que os tirou do Egito, levou-os à terra prometida, abençoando-lhes com a posse daquela terra.

Passemos agora a Colossenses 1.13. Essa passagem diz que Deus "nos resgatou do domínio das trevas e nos transportou para o Reino do seu Filho amado". Isso é salvação. Deus nos libertou e nos resgatou do poder das trevas, nos transportando direto para o reino de seu Filho. Uma versão diz que Deus nos "moveu". "Mover" significa literalmente tirar de um lugar e levar para outro lugar.

Eis o que Deus está dizendo: quando você foi salvo, quando Deus o libertou, ele o tirou das trevas em que você estava e colocou-o no reino de Cristo. Você precisará usar sua santa imaginação aqui. Ele alcançou você, retirou-o da "vida antes dele" e o transportou para a "vida com ele" por meio de seu Filho. A mão de Deus penetrou as trevas que cercavam sua vida e tirou você para fora, colocando-o em outro lugar. Pense em Israel no Egito. É "você" nas "trevas". Ele libertou você das trevas, trazendo-o para o reino de Cristo.

Sempre que Deus tira você de alguma situação, faz isso apenas para colocá-lo em outra melhor que a anterior. Ele jamais o liberta para deitá-lo fora, deixando que você se vire por conta própria. Ele nunca porá você numa condição pior do que a anterior. Se Deus o tirou de uma situação e tudo lhe parece pior, é porque ele ainda não o pôs em lugar algum. Você não enxergava o caos em sua vida porque estava em trevas. Uma vez na luz, você começa a ver toda a situação de que foi liberto. Mas, após tirar sua poeira, sacudindo-o e limpando-o, ele o colocará numa posição melhor do que a anterior, de onde o tirou.

O problema de muitos de nós é ficarmos de tal forma presos e enrolados naquilo de que Deus tenta nos libertar que, tão logo sentimos sua mão sobre nós, começamos a nos debater tentando voltar para onde estávamos. Não percebemos que, todas as vezes que recuamos, perdemos o que ele tem reservado para nós do outro lado. Somos propensos a nos contentar com qualquer coisa, em vez de almejar algo mais.

Há, ainda, aquelas pessoas que tentam ser abençoadas no novo reino, embora vivam de acordo com as regras do antigo reino. Não se esqueça de que, quando a mão de Deus o trouxe para seu reino, você foi posto sob uma nova autoridade. É como mudar de emprego. Se você trabalhava na Xerox e, depois, arrumou emprego na IBM, mas não ficará muito tempo no novo emprego se ainda for leal à Xerox. Não durará muito se insistir em agir conforme as regras e procedimentos da outra empresa. Ir à igreja no domingo — novo reino. Um almoço com aquele homem casado na segunda — reino antigo. Louvar a Deus pela benção da casa nova — novo reino. Enganar o imposto de renda a fim de pagar menos — reino antigo.

Não raro deixamos de notar que, sempre que estamos sob a autoridade do reino das trevas, toda bênção que recebemos, na melhor das hipóteses, não passa de suborno do diabo. Ele tenta pagar o que lhe for possível para mantê-lo sossegado e alheio ao que ocorre no reino do Filho de Deus. Oferece o suficiente para mantê-lo satisfeito e em silêncio. Dará um pouco disso e um pouco daquilo, de forma a impedi-lo de prestar atenção ao que acontece no lado de Jesus. Ele sabe que se você descobre o que Deus tem para lhe oferecer em troca de sua fé, livra-se dele num piscar de olhos e parte rumo ao reino de luz, louvando a Deus a plenos pulmões. E, se isso acontece, o Diabo sabe que está com problemas. Ora, tudo ficaria bem se você fosse abençoado e não abrisse sua boca para propagar as bênçãos. Afinal, as pessoas que estão no reino das trevas nem sempre conseguem vê-lo, pois estão em lugares escuros. Mas, se sua voz for suficientemente alta, eles podem ouvi-lo. Por essa razão, ao ser libertado, você não pode guardar seu louvor para si. É por esse motivo que Deus se certifica de abençoar sua vida de tal forma que você não consegue deixar de gritar aleluia.

A mão erguida

A Bíblia diz que Deus tomou os filhos de Israel, levou-os a outra terra e, depois, deu-lhes a terra. Deuteronômio 26.15 diz: “Olha dos céus, da tua santa habitação, e abençoa Israel, o teu povo, e a terra que nos deste, conforme prometeste sob juramento aos nossos antepassados, terra onde manam leite e mel". Imagine a cena. Deus tirou-os de onde estavam, levou-os para outra terra e lhes deu essa terra.

A terra que Deus deu a Israel havia sido prometida a eles. Aliás, prometida a seus pais. A Palavra afirma tratar-se de uma terra que Deus prometeu a eles. Em hebraico, o termo empregado para "promessa" é na verdade formado por duas palavras. A primeira significa ser levantado ou erguido. A segunda, é a palavra *ya*, que significa *mão*. Portanto, quando se diz que Deus prometeu, significa dizer que ele fez um juramento com a mão levantada.

Antes de testemunhar em um tribunal, você presta um juramento. Pedem que você erga a mão e jure solenemente dizer a verdade, toda a verdade e nada mais do que a verdade. De fato, erguer a mão é uma tradição herdada diretamente da cultura judaica. É um gesto simbólico que valida o juramento ou a promessa que está sendo feita. Portanto, a mão que tirou o povo de Israel do Egito, levou-o a outra terra e lhe deu aquela terra é a mesma mão que fez a promessa a seus pais. Por pais, compreendemos os patriarcas Isaque, Jacó e, especialmente, Abraão, visto que a promessa começou com ele. A aliança entre Deus e Abraão é primeiramente vista em Gênesis 12.1-3:

> Então o SENHOR disse a Abrão: "Saia da sua terra, do meio dos seus parentes e da casa de seu pai, e vá para a terra que eu lhe mostrarei. Farei de você um grande povo, e o abençoarei. Tornarei famoso o seu nome, e você será uma bênção. Abençoarei os que o abençoarem e amaldiçoarei os que o amaldiçoarem; e por meio de você todos os povos da terra serão abençoados".

Sem levar a metáfora para um lado por demais carnal, tente imaginá-la. Deus fez uma promessa a Abraão, que, na época, ainda se chamava Abrão, com a mão levantada, pois é a mão levantada que dá firmeza ao juramento. Deus disse que abençoaria a ele e a outros por meio dele. Prometeu levá-lo a uma terra, dar-lhe essa mesma terra e fazer dele um grande povo. Isso significa que a semente de Abraão passou a fazer parte da promessa. Abraão já estava morto havia muito tempo, mas seus descendentes receberiam o cumprimento da promessa de Deus. Veja agora Gálatas 3.5-9:

> Aquele que lhes dá o seu Espírito e opera milagres entre vocês realiza essas coisas pela prática da Lei ou pela fé com a qual receberam a palavra? Considerem o exemplo de Abraão: "Ele creu em Deus, e isso lhe foi creditado como justiça". Estejam certos, portanto, de que os que são da fé, estes é que são filhos de Abraão. Prevendo a Escritura que Deus justificaria os gentios pela fé, anunciou primeiro as boas novas a Abraão: "Por meio de você todas as nações serão abençoadas". Assim, os que são da fé são abençoados junto com Abraão, homem de fé.

Atentemos a todos os detalhes desse texto. Como já disse anteriormente, quando Deus o coloca em um novo reino, você é posto sob outra autoridade e sob outro conjunto de regras. Aqui, Deus esclarece as regras. No novo reino, tudo funciona de outra forma. Há um novo sistema monetário. Aquilo com que você negociou no passado já não tem valor algum. Já não são coisas suas ou suas obras. A Bíblia diz que a moeda desse novo reino é sua fé. Deus não move o universo em seu favor por você ser tão bom ou engraçadinho. Ele não ajuda, conforta, orienta ou provê tudo o que você precisa por seus pais terem sido o que foram. Ele faz isso graças a sua fé.

As bênçãos de Abraão estavam disponíveis nas mãos de Deus. E a Palavra diz que elas foram desencadeadas porque Abraão creu, ou seja, teve fé. Essas bênçãos passaram a valer para Abraão e sua semente. A fé de Abraão fez com que as bênçãos e promessas de Deus passassem de geração em geração. Mas a passagem de Gálatas diz que "os que são da fé são abençoados junto com Abraão". Em outras palavras, a promessa feita à semente de Abraão só alcança aqueles que, como Abraão, possuem fé. Você pode se perguntar o que isso tem que ver com você, visto que você talvez não possa traçar sua árvore genealógica até Abraão. O que uma promessa feita à semente de Abraão tem que ver com você?

Se você ler um pouco adiante dessa passagem de Gálatas, descobrirá que sua árvore genealógica possui raízes mais profundas do que você poderia pensar.

> Irmãos, humanamente falando, ninguém pode anular um testamento depois de ratificado, nem acrescentar-lhe algo. Assim também as promessas foram feitas a Abraão e ao seu descendente. A Escritura não diz: "E aos seus descendentes", como se falando de muitos, mas: "Ao seu descendente", dando a entender que se trata de um só, isto é, Cristo (Gl 3.15,16).

Deter-no-emos aqui por alguns instantes. Deus fez uma promessa a Abraão e a sua semente. Não disse *sementes*, no plural, mas *semente*, singular. Abraão só possuía uma semente verdadeira, que é Jesus, o Cristo. Jesus foi o cumprimento da promessa feita à semente de Abraão. Gálatas prossegue dizendo que foi devido à promessa feita a Abraão, cumprida na pessoa de Jesus Cristo, que estamos agora em posição de receber a promessa. O versículo 27 afirma que somos filhos de Deus por meio de Cristo, "pois os que em Cristo foram batizados, de Cristo se revestiram".

A palavra "batizar" significa literalmente colocar, depositar ou submergir em alguma coisa. Isso lhe soa familiar? A salvação tirou você de um lugar de trevas e o colocou dentro de Cristo. É a mão de Deus em ação. Uma vez que, por meio de Cristo, cumpriu sua promessa feita a Abraão, Deus agora faz com que você seja parte dessa promessa. Faz isso quando o retira de seu pecado, leva-o até Cristo, dá-lhe sua terra, que é a vida eterna, e mantém a promessa feita a Abraão há muito tempo. Se você voltar para o versículo 8 de Gálatas 3, lerá que Deus disse a Abraão que "todas as nações" seriam abençoadas nele. Isso significa que não importa a cor de sua pele, pois Deus é maior do que sua pele. Não importa sua família, pois Deus é maior do que sua linhagem ou genealogia. Ele é maior do que seu sexo ou sua denominação. Ele mantém toda a aliança que faz. Em Gálatas 3.29, promete: "E, se vocês são de Cristo, são descendência de Abraão e herdeiros segundo a promessa".

Se eu estou em Cristo, então sou semente de Abraão. E, se sou semente de Abraão, quando Deus ergueu sua mão e jurou a Abraão, estava jurando para mim. Tenho agora o direito legal e a autoridade divina de dizer: "Senhor, tudo que disseste a Abraão serve para mim também". Deus disse a Abraão que era chegada a hora de ele mudar da situação atual rumo ao seu destino. Eu também. Deus disse: "Farei de você um grande povo". Isso também serve para mim. "Eu o abençoarei." E a mim também. "Você será uma bênção." Eu também serei. "Amaldiçoarei os que o amaldiçoarem." Isso também me diz respeito.

Quero que você repare em algo aqui. A mão que o tirou de onde você estava, levou-o a seu destino, dando-lhe a terra; entrou em ação conforme a mão que fora levantada em um juramento. Deus ergueu sua mão e fez uma promessa; depois, usou essa mão para cumprir a promessa que havia feito. É preciso compreender que a mão que liberta, supre, opera, dá, se move, cria e protege é, antes de tudo, a mão que legitima uma promessa.

Você sabe por que aquela primeira geração dos filhos de Israel foi impedida de entrar na Terra Prometida? Não foi por não conhecer a libertação, a provisão, a orientação e a generosidade da mão de Deus. Não foi por não ter conhecido a mão da proteção, do poder e da presença de Deus. Foi por não ter acreditado na mão erguida quando a promessa foi feita a Abraão. Aquele povo jamais teve dificuldade em crer que Deus era capaz de fazer qualquer coisa, com exceção de manter a promessa de levá-los à Terra Prometida.

Jamais baseie todo seu relacionamento com Deus naquilo que o viu fazer em sua vida ou na vida de outros. Nunca esqueça que, acima de tudo, Deus é a verdade firme, infalível e santa. Hebreus 6.13 afirma que, quando Deus fez a promessa a Abraão, por não haver ninguém superior, jurou por si mesmo. Em outras palavras, Deus ergueu sua própria mão e fez um juramento por si mesmo. Ele foi o único a jurar e seria o único a fazer cumprir o juramento. Mas isso não foi suficiente para os filhos de Israel. Isso é suficiente para você?

Você é semente de Abraão. Você crê nisso? Será que sustentará essa crença antes de se envolver em tudo que Deus tem para sua vida? Continuará a crer mesmo quando não puder ver um caminho? Crerá a despeito de sua situação atual? Você sabe que Deus *pode* fazer qualquer coisa, assim como Israel também sabia. Esse não era o problema de Israel, mas sim acreditar *que* Deus o faria. Eles punham em dúvida a integridade, a honra e a própria santidade de Deus. Eles receberam tudo que Deus, por sua misericórdia, lhes deu com sua mão. Mas a mão que estava erguida sem nada, a não ser uma promessa, eles rejeitaram. Será que você fez o mesmo? Você tem se contentado em aceitar tudo que Deus tem em suas mãos, com exceção da promessa que você não pode ver?

Caminhamos pela fé, e não por aquilo que vemos. E, sem fé, é impossível agradar a Deus. Dessa forma caminhamos: seguindo em frente para agradar a Deus e não de acordo com o que vemos. A fé vem pelo ouvir. Há algo que Deus lhe disse e você não ouviu? É aquilo que você não ouve que o impede de seguir em frente. Em sua Palavra, Deus lhe fez algumas promessas e firmou alguns votos. Ele ergueu a mão e disse que você foi formado de modo especial e admirável. Você crê nele? Ele ergueu a mão e disse que jamais deixaria você ou o abandonaria. Sim, ele o castigou. No entanto, antes disso, sua mão erguida prometeu que você é seu filho e que o castigo produziria frutos de justiça em você. Suas mãos o formaram no ventre de sua mãe. Mas, antes disso, ele já havia prometido formar você conforme a imagem de seu Filho, tornando-o herdeiro com ele. Você crê nessas palavras mesmo quando se esforça para se parecer com o Filho de Deus? Você acredita que a mão erguida de Deus significa que ele manterá a palavra empenhada com você? Não responda de pronto. Aliás, deixe que Deus responda por você. Peça-lhe que mostre aquilo em que você crê e aquilo em que você não crê. Você pode se surpreender com o que ele lhe dirá.

A mão do rei

Você jamais compreenderá com clareza a natureza da operação de Deus por meio de sua mão, se não enxergar que ela é sempre uma função da soberania de Deus. Sua mão, mais do que qualquer outra parte de sua anatomia, é a mais vívida ilustração de sua soberania. A mão representa a aparência visível da vontade. Se você deseja alguma coisa, só saberei do que se trata quando você a alcançar. Ainda que você fale o que deseja, seu movimento na direção correta comprovará sua vontade.

A mão de Deus é uma confirmação da vontade de Deus. Além disso, é ao mesmo tempo uma confirmação de sua soberania. Ou seja, quando vemos a mão de Deus em ação, ela está sempre confirmando o que Deus deseja, seu direito de ter o que deseja e sua capacidade de conseguir o que deseja.

É muito importante compreender isso. Não seria exagero afirmar que seu relacionamento com Deus depende inteiramente dessa compreensão. Pense nisso. A vontade de Deus é inextricavelmente vinculada à soberania divina. Isso significa que Deus tem o direito, a autoridade e a capacidade de fazer tudo o que deseja. Por isso, nunca há qualquer dúvida de que Deus terá tudo aquilo que quiser. O fato de ele querer algo é a garantia de aquilo acontecerá. Isaías 55.11 diz que a palavra de Deus não retorna vazia, mas sempre atinge o propósito para o qual é enviada. Sua palavra é sua vontade, e sua vontade é sempre realizada. Deus é o único ser poderoso o bastante para afirmar isso, visto que ele mesmo realiza sua vontade. Ele não vive conforme as regras. Ele *é* as regras.

Ora, se você sabe o que Deus deseja, você sabe também o que acontecerá — sem condições, dúvidas ou poréns. Se você conhece a vontade de Deus sabe que em algum momento, no futuro, sua vontade será realizada. Tal soberania está permanentemente vinculada à mão de Deus, sendo a todo tempo afirmada e confirmada por essa mão. Ciente disso, veja Deuteronômio 7.6-8:

> Pois vocês são um povo santo para o SENHOR, o seu Deus. O SENHOR, o seu Deus, os escolheu dentre todos os povos da face da terra para ser o seu povo, o seu tesouro pessoal. O SENHOR não se afeiçoou a vocês nem os escolheu por serem mais nume-

> rosos do que os outros povos, pois vocês eram o menor de todos os povos. Mas foi porque o SENHOR os amou e por causa do juramento que fez aos seus antepassados. Por isso ele os tirou com mão poderosa e os redimiu da terra da escravidão, do poder do faraó, rei do Egito.

Esse texto nos dá uma imagem clara da relação entre a mão de Deus e sua soberania. Geralmente, você pode assumir que, sempre que Deus fala com Israel, os mesmos princípios e padrões que ele define para seu povo se aplicam a você. Deus disse que o removeria do Egito de sua vida por que escolheu você e o ama. Deus, em sua soberania, escolheu você para ser um povo que pertença a ele, um tesouro especial reservado para o prazer dele. Ele deixou bem claro que não o escolheu por você ser o melhor. Aliás, você era o menos desejável. Portanto, por que ele fez isso? Porque ele o ama.

A mão de Deus foi buscá-lo porque sua vontade quis assim. Ele, e somente ele, merece o crédito por sua libertação. As ações dele para com você não tiveram nada a ver com algo que você tenha feito. A escolha de abençoá-lo foi uma escolha soberana "devido ao juramento que fez aos seus antepassados". Assim, Deus retirou-o de onde você estava por amá-lo, escolhê-lo e desejar cumprir a promessa feita a Abraão. Agora, pense. Se a mão de Deus é um sinal de sua vontade, e considerando que ela estava levantada em um juramento para Abraão, o qual se estende a você, o que isso significa? Significa que o juramento de Deus foi sua escolha soberana.

Preste atenção! Deus não precisava fazer nada do que fez por você. Não tinha de prometer nada. Ele *quis* lhe fazer uma promessa. Ele quis amá-lo. As mãos de Deus formaram você porque ele desejou amá-lo. Você não fez com que ele escolhesse amá-lo, mas essa foi a vontade dele. Deus quer que você compreenda isso. Quer que você entenda que todas as dádivas, as promessas, os livramentos, as libertações e as bênçãos aconteceram porque ele quis assim. Ele quer que você compreenda que seu amor soberano significa que o escolheu e que essa escolha nasceu de sua vontade.

Muitos de nós têm dificuldades para entender a soberania de Deus, visto que ela nos tira completamente o controle. Não há nada que possamos fazer para merecer o amor de Deus. Não podemos fazê-lo nos amar de forma mais intensa ou meiga. Não podemos controlar o modo como seu amor chega até nós. Não podemos controlar sua escolha. Não podemos fazê-lo abandonar alguém que nos magoa. Não podemos forçá-lo a escolher alguém baseado em nosso próprio afeto.

O termo "mão poderosa", que aparece no versículo 8, refere-se ao poder soberano que habita em Deus, que, por sua vez, remete ao fato de que ele escolhe abençoá-lo. Se quiser uma abordagem mais técnica, considere que ele decidiu abençoá-lo mesmo antes de formá-lo. A Bíblia diz que Jesus foi o "Cordeiro que foi morto desde a criação do mundo" (Ap 13.8). Seu pecado, portanto, não é surpresa para Deus. Antes que você escolhesse pecar, ele já havia decidido abençoá-lo com um Salvador. Ele podia tê-lo jogado fora e feito um novo você, mas, em vez disso, já tinha escolhido tornar você *novo*.

Assim, ele foi buscá-lo com sua mão poderosa. Dê mais uma olhada em Deuteronômio 7.8. Lemos que o Senhor redimiu Israel "do poder do faraó, rei do Egito". Sempre que você vir as palavras *faraó* ou *Egito* nas Escrituras, pode escrever "o inimigo" ao lado. Deus afirma que, quando, em sua soberania, decidiu abençoá-lo indo buscar sua vida, foi preciso arrebatá-lo da mão do inimigo.

Você se lembra do antigo domínio das trevas de Colossenses 1.13? É Satanás que domina esse reino. Vivendo lá, você vive sob seu domínio e autoridade. Mas a Bíblia diz que Deus o tomou da mão de Satanás. Você estava na mão do inimigo e pertencia a ele. Estava sob o domínio de Satanás. Ele fazia o que queria de você, com você e por intermédio de você. Além disso, ele tentava impedi-lo de receber as coisas de Deus e a vontade de Deus em sua vida.

Mas Deus é soberano. Sua mão prova e confirma isso ao tomá-lo da mão do inimigo conforme sua vontade, pegando sua mão e puxando-o, de forma que você pudesse começar a viver de acordo com a vontade de Deus. Ele envolveu sua pequena mão com sua mão poderosa e arrebatou-o das mãos do inimigo que dominava sua vida.

Ora, lemos na Palavra de Deus que você foi tomado da mão do inimigo. Isso significa três coisas. Em primeiro lugar, a mão de Satanás é uma simples mão, mas a de Deus é poderosa. O que quer que Satanás queira jogar em você, Deus pode aparar ou pegar e jogar de volta com mais força ainda. Quando Deus se dispõe a abençoá-lo, sua mão é tão poderosa que nenhuma outra mão pode impedi-lo.

Em segundo lugar, Deuteronômio 7.8 diz que a poderosa mão de Deus o retirou "da terra da escravidão", significando que o libertou do cativeiro. Deus sabia onde você estava quando decidiu abençoá-lo. Sabia que você estava cativo e acorrentado ao pecado. Sabia que você estava em algum tipo de encrenca e não esperou que a situação fosse resolvida para poder abençoá-lo. Deus não abençoa pessoas perfeitas, pois tais pessoas não precisam de sua bênção. Abençoa somente quem precisa dela. Ele o abençoou se envolvendo em seu cativeiro, em seus desafios, em suas provações e tribulações. Tomou, em seguida, sua mão imunda, alquebrada e cheia de cicatrizes e trouxe para fora.

Terceiro, e mais importante: se Deus o arrebatou das mãos de Satanás, o inimigo com certeza notou sua ausência. Ele precisou se dar conta de que perdeu você. E, caso ele não tenha notado, Davi disse que Deus gosta de atrair bastante publicidade sobre cada uma de suas aquisições. Davi afirma que, quando Deus o abençoa, prepara a mesa e dá uma festa para você. Ora, toda festa começa com a lista de convidados. Acontece que essa lista não está completa até que Deus convide todos seus inimigos, os quais se sentam diante de você e assistem enquanto Deus o abençoa. E tudo isso ele fez porque quis assim.

Não pense, filho de Deus, que, ao ser arrancado da mão do inimigo, a luta se encerrou para Satanás. No que diz respeito a esse assunto, tenho boas e más notícias para você. A má notícia é que o inimigo ainda tem truques na manga. A boa notícia é que são os mesmos e velhos truques que ele vem usando desde que Adão e Eva tentaram se cobrir com algumas folhas de figueira. Sua estratégia não se alterou. Ele fala o mais que pode enquanto tenta calar sua boca.

Enquanto você vive no pecado, o diabo fica realmente quieto. Ele quer que você se sinta confortável com ele; por isso quase o deixa em paz. A boca dele só começa a funcionar quando descobre que você o deixou. Ele dirá que você não está realmente salvo. Tentará convencê-lo de que qualquer erro seu fará Deus cancelar as promessas que fez. Tentará fazê-lo contemporizar, dizendo que Deus não quer que você seja santo. Além do mais, não seria realista nos dias de hoje. Basta que você seja uma pessoa boa e vá à igreja aos domingos. Não faz mal viver junto se você pretende se casar algum dia. Satanás usará a boca das pessoas mais íntimas para lhe dizer que você mudou ou que se tornou uma pessoa muito crítica, caso você lhes diga a verdade sobre o pecado. Ou lhe dirá que você possui todo o mérito por ser tão santo e consagrado. Se ele puder enchê-lo de orgulho, não precisará fazer com que você se volte contra Deus, visto que o orgulho fará com que Deus se volte contra você.

A melhor forma de lidar com a boca do inimigo é estar preparado com alguma palavra: a saber, a Palavra de Deus, em seu coração e em seus lábios. Quando Jesus foi tentado no deserto, usou a verdade das Escrituras contra Satanás. Como Cristo, você precisa sempre ter uma palavra pronta na boca. As Escrituras possuem palavras para enfrentar qualquer situação que possa ser usada contra você. A maioria das pessoas sabe que a Palavra é sua espada. Não se esqueça de que também é seu escudo. Efésios 6.16 diz que a fé é seu escudo, mas sua fé está depositada na verdade de Deus, que chega até você por intermédio de sua Palavra. Imagine a mão erguida de Deus agindo como escudo contra todos seus inimigos.

Todas as vezes que você abre a boca com a verdade de seu testemunho ou com o testemunho de sua fé, causa danos ao reino das trevas. Êxodo 13.14 afirma que devemos testemunhar sobre todas as vezes que a mão de Deus agiu em nosso favor. O texto ensina que, quando seus filhos perguntarem por que você oferece ações de graça e seu ser a Deus, você lhes dirá: "Com mão poderosa o Senhor nos tirou do Egito". Deus diz que é preciso que você testemunhe sobre a mão dele, uma vez que ele o tirou de onde estava, e esse testemunho será passado a seus filhos e a filhos deles. Jamais assuma o mérito pelo que a mão de Deus fez em sua vida. O texto sugere que, quando seus filhos crescerem o suficiente para perceber o

Imagine a mão erguida de Deus agindo como escudo contra todos seus inimigos.

quanto são abençoados, quando perceberem que alguns de seus amigos não habitam na paz que há em seu lar, não lhes diga que tudo isso acontece porque mamãe e papai decidiram lhes dar uma vida melhor. Não lhes diga que é porque você ora, dá o dízimo ou faz qualquer outra coisa. Eles precisam saber que foi a mão de Deus que lhes deu a vida que possuem. A mão de Deus lhes deu os tênis que calçam e a comida que comem. A mão de Deus consertou o telhado e pagou a conta de gás. A mão de Deus os guardou no caminho da escola para casa, enquanto que o garoto da outra rua não sobreviveu àquela bala perdida.

Não usurpe a glória de Deus. Todos deveriam ser capazes de examinar a própria vida e divisar momentos em que a ação de Deus é nítida. Não me importa quão esperto você é. Já houve situações em que você não conseguiu pensar numa saída ou divisar um plano de escape. Você pode estar dirigindo um bom carro agora, mas também pode se lembrar daquela passagem de ônibus dada por Deus. Eu gosto de um bom filé-mignon, mas não me esqueci dos dias em que só dispunha de um sanduíche de mortadela suprido pela providência divina. Ninguém, além de Deus, poderia tê-lo tirado da enrascada em que você estava. E ninguém, além de Deus, mantém você fora de outra encrenca.

Meu momento favorito, em que posso ver a ação de Deus com nitidez, é algo de que me lembro em meu quarto de oração. Ninguém, além de Deus, poderia me amar a ponto de abandonar sua majestade e, a fim de me resgatar, entrar na imundícia e no pecado deste mundo. E ninguém, além de Deus, morreria por mim apenas porque decidiu assim. Isso é algo difícil de absorver, não é mesmo? Mas deixe-me oferecer uma ajuda. Sempre que se deparar com a misericórdia e a graça soberana da mão de Deus, só há uma reação possível: aceitar.

> Sempre que se deparar com a misericórdia e a graça da mão de Deus, aceite-a.

Ele escolheu sua vida porque assim o quis. Aceite isso. Ele o ama porque assim o quis. Aceite isso. Aceite seu auxílio e seu castigo; seu sol e sua chuva. Aceite o deserto que ele faz você atravessar, bem como o oásis que ele certamente fará para você. E como saber se você aceitou a soberania de Deus? Permita-me responder com outra pergunta: por quanto tempo em sua vida você já agradeceu a Deus? A resposta deveria ser: "Por toda ela".

Aceitação é a reação adequada à soberania de Deus, demonstrada por intermédio de sua mão. Além disso, a verdadeira aceitação vem sempre acompanhada de gratidão. Ora, algumas pessoas até pensam que podem aceitar uma situação sem serem gratos por ela. Isso não é aceitação, mas tolerância. São sentimentos bem diferentes. A tolerância confirma somente o poder de Deus em uma situação. A aceitação confirma toda a pessoa de Deus. A tolerância confirma sua crença de que somente Deus tem a capacidade de fazer o que vem realizando em sua vida. Se você não for grato, quer dizer que acredita haver uma forma melhor que a de Deus. A aceitação confirma sua crença de que o que Deus faz em sua vida é a opção mais sábia, gentil, amorosa e perfeita possível, ou seja, a melhor providência que poderia ser tomada naquele momento. E, se isso é verdade, você deve ser grato.

Acho curioso Deus nos dizer que devemos adentrar sua presença com ações de graça. Ninguém agradece antes de receber algo. Por isso, o fato de solicitar que você se achegue com gratidão, significa que Deus já vem agindo em sua vida. E você devia ser grato por isso.

Aquele que dá: a mão de Deus

Perguntaram a Daniel Webster:
– Qual é o maior pensamento que pode ocupar a mente humana?
– A prestação de contas a Deus – respondeu ele.

ABEL AHLQUIST, *LIGHT ON THE GOSPELS*
[*LUZ SOBRE OS EVANGELHOS*]

Um pensamento vem se instalando em minha mente, ocupando espaço como uma pequena e requintada peça de mobília. Enquanto outros vêm e vão, alguns bem-vindos, outros nem tanto, esse estabeleceu-se com humildade em meu interior. Ele já não precisa se manifestar. É um fato de minha própria consciência que ressurge resolutamente em momentos bastante específicos. Quando meu filho conta uma piada, esse minúsculo pensamento acompanha minha risada. Quando observo minha bela esposa, ele repuxa os cantos de minha boca num sorriso conhecido e manhoso. O privilégio de pregar e ensinar a Palavra é acompanhado por ele. Ele também acompanha a majestade da criação, relacionamentos mais íntimos, a igreja que apascento e, principalmente, minha salvação. O pensamento que com tanta freqüência adorna minhas considerações é tão-somente o seguinte: Deus me deu muita coisa.

Pode parecer óbvio para alguns e banal para outros, mas, para mim, Deus é mais visível ou tangível quando está me dando algo. Ele vê nossas necessidades e ouve nosso choro. Quando a generosa mão de Deus se estende para nos suprir, orientar e confortar, ele revela sua compaixão para conosco.

A mão generosa de Deus revela sua compaixão para conosco.

Há momentos em que me debato com a mão generosa de Deus, principalmente quando me dou conta do quanto, do que ele me deu, já destruí, usei erradamente e desperdicei. Muito do que possuo representa a segunda, a terceira ou incontáveis oportunidades. Quando criança, tínhamos um dito que chamávamos "de novo". Se você, por exemplo, perdesse no jogo de pedra, tesoura ou papel, podia dizer: "De novo", e tinha mais uma tentativa. A questão é que você só tinha um número limitado de: "De novo", para dizer. Quando eles terminavam, você tinha de conviver com seus erros.

Sempre que penso ter ficado sem o "de novo" com Deus, ele demonstra misericórdia e me dá mais uma chance. Pedro pensou que estava fora após ter negado Jesus três vezes. Mas quando Jesus o perdoou e disse: "Segue-me", aquilo era um "de novo". Saulo matava cristãos até que Jesus o encontrou na estrada para Damasco, mudou seu nome para Paulo e o tornou um apóstolo dos gentios. "De novo". A mulher no poço, Rute e, com certeza, o rei Davi estavam familiarizados com o conceito do "de novo".

Isso significa que podemos fazer o que quisermos que Deus não se importa? Paulo proíbe que nos tornemos presunçosos a ponto de considerarmos a misericórdia de Deus a coisa mais natural do mundo. Não se esqueça: a mão que dá também é a mão que castiga. Quando estava na faculdade, meu primeiro colega de quarto na Universidade de Illinois foi um irmão de Century, uma pequena cidade do estado de Illinois. Ele era crente e gostava de ouvir música evangélica *country*. Até fez com que eu acabasse gostando daquilo. Uma de suas músicas favoritas era: *May the Good Lord never show you the backside of his hand* [*Que o bom Senhor jamais lhe mostre as costas da mão*]". Essa é minha oração por você, e, sempre que pensar nesse assunto, por favor, ore por mim também.

Muito além da libertação

Quando vejo os lugares de onde Deus me tirou e o que ele me fez superar, penso comigo que só a libertação já me satisfaria, já seria uma enorme dádiva. Mas a generosa mão de Deus nunca se limita a satisfazer suas necessidades, vai muito além. Lembre-se: Deus, com mão poderosa, livrou Israel das mãos do faraó, no Egito. O povo era escravo havia quatrocentos anos. Só a libertação já seria o bastante para pular de alegria. O fim das correntes e do trabalho exaustivo teria sido motivo suficiente para dançar. Mas a mão de Deus foi além de apenas libertar. Ele fez mais do que apenas transportar hebreus de uma ponta do deserto para a outra. Veja o texto a seguir.

> Fizeram, pois, os filhos de Israel conforme à palavra de Moisés, e pediram aos egípcios jóias de prata, e jóias de ouro, e roupas. E o Senhor deu ao povo graças aos olhos dos egípcios, e estes lhe davam o que pediam; e despojaram aos egípcios. (Êx 12.35,36; AF)

Observe a palavra "pediram". A tradução mais exata do original é "exigir" ou "exigir o direito de". É uma palavra muito forte, e nossa língua não capta seu sentido exato. O conceito é exigir aquilo a que temos direito. Moisés e seu pessoal foram até faraó e exigiram uma bênção. Eram escravos hebreus que não estavam pedindo esmola, mas mandando que os egípcios entregassem ouro, prata, roupas, linho fino e vestes. Nesse contexto de escravidão, a ênfase repousa na audácia.

O que os tornou audazes? Tenha em mente que eles não foram retirados do Egito por ser, de alguma forma, especiais. Eles sabiam, e Deus confirmou mais tarde, que não foram escolhidos por ser especiais, mas porque o amor de Deus os tornou especiais. Aí está o segredo: eles foram ousados graças ao Deus que estava com eles. A passagem diz que Deus deu graças ao povo "aos olhos" do inimigo. Isso não significa que os egípcios tão-somente viram que eles eram protegidos por Deus, mas que, aos olhos dos egípcios, os filhos de Israel mereciam ser agraciados por eles. Quando os egípcios viram aquele povo que fora seu escravo, olharam-no com benignidade. Não porque fossem admiráveis ao olhar, mas porque Deus pôs sua própria graça em seus olhos. Eles enxergavam os escravos através de lentes cheias de graça, de modo que não apenas os libertaram, mas abençoaram sua partida.

Ora, vemos nesse cenário a mão de Deus favorecendo seu povo por meio da graça colocada nos olhos de seus inimigos. Deus, em seguida, abençoou os filhos de Israel com prata, ouro, jóias e vestes. Lembre-se de que eram escravos. Na mente egípcia, favorecer alguém não fazia sentido. (É por isso que, um pouco mais tarde, quando tiveram a oportunidade de pensar sobre o caso, tentaram sair e recuperar suas posses — incluindo os escravos —, mas já era tarde demais.) Você sabia que Deus, quando se dispõe a abençoá-lo, o faz por meio de pessoas que nem sabem por que estão lhe favorecendo? Não fará o menor sentido para elas, ou mesmo para você.

Algumas pessoas possuem empregos que não têm capacidade de conseguir, quanto mais manter, mas a mão de Deus as favorece. Existem outras pessoas com melhor formação, mais experiência e mais talento do que você, mas Deus concede seu favor a você. Os currículos dessas pessoas têm um quilômetro. O seu tem três linhas, duas vírgulas e um ponto. Mas o sangue de Jesus marcou seu currículo com a palavra "AGRACIADO", e ele foi para o topo da pilha. Muitos de vocês imaginam precisar de um novo emprego ou de uma promoção. Não. Precisam é do favor de Deus. Se têm esse favor, conseguem o emprego.

Você sabia que não tinha condições de obter um empréstimo. Por esse motivo ele lhe foi negado tantas vezes. Mas, no tempo de Deus e conforme a vontade de Deus, você obteve um empréstimo devido ao favor de Deus. Se algum dia eu tiver de escolher entre o favor de Deus e um bom relatório de crédito, fico com o favor. Posso dar conta do relatório de crédito se tiver o favor de Deus em minha vida.

Se você olhar atentamente a passagem de Êxodo 12, poderá ver a mão de Deus em outro contexto. O faraó era o governante dos egípcios. Sendo assim, quando os filhos de Israel exigiram ser presenteados, o exigiam do próprio faraó. A dureza do coração do homem foi ordenada e orquestrada por Deus (v. Êx 4.21). Mas o faraó, ainda assim, consentiu em libertar os escravos e presenteá-los enquanto partiam. Os filhos de Israel encontraram graça aos olhos do faraó. Isso soa estranho até lermos Provérbios 21.1:

> O coração do rei é como um rio controlado pelo SENHOR; ele o dirige para onde quer.

O coração do faraó, assim como o curso dos rios, estava nas mãos de Deus. Os rios se diferenciam de massas de água pelo fato de se moverem de um lugar para outro. Eles não se formam por si; são formados por forças externas que agem sobre eles. A neve no topo de uma montanha derrete e, com o tempo, a água, obedecendo à lei da gravidade, desce e traça um rio por onde a água flue. Com o tempo, os rios ficam sem água e secam. A questão é que o rio não controla seu princípio ou seu fim. Ele corre e faz curvas conforme sua origem e seu destino. O coração do faraó estava nas mãos do Deus todo-poderoso, por isso, quando Deus se dispôs a favorecer seu povo, o faraó não pôde fazer nada senão obedecer.

Vemos, a seguir, os filhos de Israel, ex-escravos, deixando o Egito carregados de prata, ouro, linho fino, vestes elegantes, túnicas da moda e turbantes sob medida. Salmos 105 comenta que Deus os tirou de lá com prata e ouro e acrescenta: "Não havia em suas tribos quem fraquejasse" (v. 37). Não foram apenas libertos; foram também curados e restaurados. Não saíram do Egito gemendo e abatidos, mas fortes e aptos a empreender a jornada que tinham pela frente.

A mão de Deus lhes deu graça, depois riquezas e, por fim, saúde e restauração. O trabalho no Egito era tão árduo que o clamor do povo alcançava os céus e a Deus. E esse povo, que conhecera apenas a exaustão da labuta, foi miraculosamente curado de qualquer debilidade ou doença. Não restaram juntas doloridas, cortes ou contusões. Os fracos foram revigorados, e os aleijados andaram. Deus sabia da jornada que teriam de empreender e preparou-os com saúde, curas e riquezas. Mas, espere um pouco! Riquezas?

Deus sabia que os filhos de Israel rumariam para o deserto, mas, ainda assim, se certificou de que partiriam com prata, ouro, linho fino e vestes. Eles não partiram de mãos vazias. Partiram com carretas e carroças cheias de ouro e prata. Por quê? Não havia lojas no deserto. Levavam vestes finas, mas não havia banquetes programados para a passagem pelo deserto. Até hoje, não existe nenhum *shopping* no deserto. Qual era a necessidade de tantas riquezas, se ficariam no deserto por quarenta anos sem ter onde gastá-las? Eles não sabiam dos quarenta anos, mas Deus, com certeza, sabia. O livro de Números conta que suas roupas não se desgastaram no deserto. Por que, portanto, precisaram levar linho e tecidos luxuosos, isso para não falar das jóias?

Deus não é perdulário ou frívolo. Ele não deu riquezas aos filhos de Israel para ter um *show* de moda no deserto. Mas tudo lhes foi dado por uma razão cujos contornos vemos na passagem a seguir.

> Disse o SENHOR a Moisés: "Diga aos israelitas que me tragam uma oferta. Receba-a de todo aquele cujo coração o compelir a dar. Estas são as ofertas que deverá receber deles: ouro, prata e bronze, fios de tecidos azul, roxo e vermelho, linho fino, pêlos de cabra, peles de carneiro tingidas de vermelho, couro, madeira de acácia, azeite para iluminação; especiarias para o óleo da unção e para o incenso aromático; pedras de ônix e outras pedras preciosas para serem encravadas no colete sacerdotal e no peitoral. E farão um santuário para mim, e eu habitarei no meio deles" (Êx 25.1-8).

No deserto eles se prepararam para construir um tabernáculo para a habitação de Deus. Deus mandou que Moisés recolhesse uma oferta para a construção de sua casa. Mas como ex-escravos miseráveis poderiam ofertar alguma coisa? Lembra-se de todo aquele ouro, prata, jóias, tecidos e riquezas com que deixaram o Egito? Eis o motivo. Deus encheu-lhes as mãos de riquezas a fim de que uma parte lhe fosse devolvida, mas não tudo. Note que ele disse: "Recolha uma oferta", e não, "Devolvam-me tudo que lhes dei". Ele podia ter feito isso. O livro 1Crônicas diz que tudo que temos para dar veio, em primeiro lugar, de Deus. Mas há aqui um importante princípio que ignoramos por ficarmos tão concentrados na questão material.

Os filhos de Israel se preparavam para erguer no deserto um tabernáculo para a habitação do Senhor. As riquezas que trouxeram do Egito seriam usadas na obra, assim como os talentos e o tempo do povo. Êxodo 35.10 chama à participação todos os "sábios de coração". De acordo com a Nova Tradução na Linguagem de Hoje, todos os "homens habilidosos" foram chamados para fazer tudo que o Senhor mandou; logo, não se tratava apenas de dinheiro. Além de bens materiais, Deus conclamava o povo a dar tempo e esforço. Gosto da forma como o versículo diz que "todas" as pessoas capazes deviam ajudar. A maioria das igrejas hoje em dia sofre com a falta de pessoal, pois muitas "pessoas capazes" seguem esquentando os bancos. Deus, no entanto, chamou ao trabalho todos que pudessem comparecer. A Bíblia, em Êxodo 35, diz que todos, de ferreiros a costureiras, trabalharam e contribuíram para que o templo do Senhor fosse erguido.

As pessoas não contribuíram visando comprar uma bênção, visto que já tinham sido abençoadas. Contribuíram a fim de se preparar para a revelação da presença de Deus. Deus disse que o propósito de construir o tabernáculo era abrigar sua presença. Ele desejava habitar entre seu povo, por isso abençoou-o com os recursos necessários à construção de um lugar onde ele pudesse habitar. Tente entender isso, pois, se você o conseguir, jamais voltará a ver da mesma forma a prática de ofertar. Deus deseja estar perto de seu povo. É assim que esse livro começa: explicando o desejo que Deus tem de ser visto *por* seu povo e *com* seu povo, de modo que, no fim das contas, ele possa habitar *em* seu povo. Em 1Coríntios 3.16 lemos: "Vocês não sabem que são santuário de Deus e que o Espírito de Deus habita em vocês?”.

A glória de Deus, em forma de nuvem, acabaria por encher o tabernáculo, e o povo contribuiu com o objetivo de se preparar para sua presença. Ora, se você quer que Deus se manifeste, não só em sua vida mas em você, é preciso que compreenda a prática da oferta. Não se trata de um princípio sobre dinheiro, embora certamente inclua objetos materiais. Mas ofertar nunca diz respeito ao que você possui em suas mãos. Se fosse assim, Deus teria dito que todos, querendo ou não, teriam de trazer uma oferta. Ele, no entanto, convidou as pessoas que estivessem dispostas. Dispostas a quê? Dispostas a ver a presença de Deus.

Ofertar cria uma atmosfera de revelação. Não cria a revelação, mas só a atmosfera. Ofertar não faz com que Deus se apresente. Como disse, não há como comprar as bênçãos de Deus. Mas a oferta prepara um lugar para Deus vir. A Bíblia conta que, após a conclusão do tabernáculo, uma nuvem cobriu a tenda, e a glória de Deus a encheu a ponto de Moisés não poder entrar. Deus se manifestou. Lemos em Êxodo 40.38: “De dia a nuvem do SENHOR ficava sobre o tabernáculo, e de noite havia fogo na nuvem, à vista de toda a nação de Israel, em todas as suas viagens”.

Ofertar cria uma atmosfera de revelação.

Fico atordoado sempre que leio essa passagem. O propósito da oferta não era apenas a construção de um local. Não era esse o objetivo de Deus. O tabernáculo nunca foi um fim em si. Era apenas um local para acomodar a revelação da glória de Deus. Podemos encontrar o mesmo princípio ao longo de toda a Sagrada Escritura. Houve, por exemplo, uma viúva em Sarepta que mal tinha o que comer. Na verdade, a Palavra conta que só havia farinha e óleo suficientes para o preparo de uma última refeição, que ela e seu filho comeriam antes de morrer. O profeta, contudo, mandou-a fazer primeiro um pequeno bolo para ele. Se eu fosse aquela viúva, com certeza teria uma conversa com aquele profeta. Ora, acabo de dizer que só tenho o suficiente para mim e meu filhinho, e ele não tem o menor escrúpulo de me pedir para dividir! E, para piorar, pede para ser alimentado primeiro!

Mas a Bíblia diz que ela fez o bolo e o deu ao profeta – em seguida, Deus se manifestou. Como sabemos disso? Sabemos porque a Bíblia afirma que a farinha e o óleo duraram mais de um ano. De forma sobrenatural, sempre que ela pegava óleo, havia mais óleo na botija. De forma sobrenatural, sempre que pegava farinha que achava estar no fim, havia mais farinha no barril. Ela deu o que Deus pediu, e Deus se manifestou. Observe, disse que ela deu o que Deus pediu, e não o que o profeta pediu.

Se você ler essa passagem em 1Reis 17, descobrirá que o único motivo para o profeta Elias aparecer em Sarepta foi obedecer a uma orientação de Deus, que ainda lhe disse: "Ordenei a uma viúva daquele lugar que lhe forneça comida" (v. 9). A palavra "ordenei" não significa que Deus já tivesse mandado a mulher tomar conta do profeta. A palavra significa, mais exatamente, "nomeei" ou "decretei". Em outras palavras, Deus já havia decretado que a mulher desse a Elias o que ele pedisse.

A mão de Deus tem abençoado você. E Deus destinou que parte do que lhe deu seja devolvida a sua mão. Ele já decidiu quando e onde essas bênçãos serão empregadas. Ele conhece a igreja que você freqüenta e quem, entre seus amigos, precisa ser abençoado especificamente por você. Ele lhe deu tempo, talento e riquezas. A parte dele está feita. Ele preparou você para contribuir. Cabe a você dispor-se a isso. E, quando você dá nessas condições, pode contar com a bênção de sua presença.

Revelação é a questão

Deus estava com Israel dia e noite. Mas os filhos de Israel jamais entenderam o motivo de Deus lhes ter ensinado a ofertar. Eles constantemente davam as costas a Deus e levavam suas ofertas a ídolos, fazendo com que Deus se afastasse deles. Eles buscavam a mão de Deus para resgatá-los, sustentá-los e orientá-los, mas não prestavam atenção ao que Deus tentava lhes ensinar sobre oferta. Não raro, Deus os deixava por conta própria até que se metessem em encrenca. Depois, quando clamavam por sua presença, confessavam seus pecados e se humilhavam, ele restaurava o relacionamento com seu povo. Todavia, eles nunca entenderam isso. E Deus explicou tudo no livro de Malaquias:

> "Vejam, eu enviarei o meu mensageiro, que preparará o caminho diante de mim. E então, de repente, o Senhor que vocês buscam virá para o seu templo; o mensageiro da aliança, aquele que vocês desejam, virá", diz o SENHOR dos Exércitos. Mas quem suportará o dia da sua vinda? Quem ficará em pé quando ele aparecer? Porque ele será como o fogo do ourives e como o sabão do lavandeiro. Ele se assentará como um refinador e purificador de prata; purificará os levitas e os refinará como ouro e prata. Assim trarão ao SENHOR ofertas com justiça (Ml 3.1-3).

Israel havia sempre esperado a revelação do Messias. Malaquias disse: ele virá. Deus disse que viria. Ele prepara o caminho de sua vinda, e, a seguir, Malaquias afirma que algumas pessoas não estão preparadas para ele. É curioso como uma bênção pode se transformar em maldição. Deus disse que a vinda do Messias seria problema para alguns porque não suportariam sua vinda. Em sua vinda, haveria uma purificação que separaria o justo do injusto. E Deus prossegue falando por meio do profeta:

> "De fato, eu, o SENHOR, não mudo. Por isso vocês, descendentes de Jacó, não foram destruídos. Desde o tempo dos seus antepassados vocês se desviaram dos meus decretos e não lhes obedeceram. Voltem para mim e eu voltarei para vocês", diz o SENHOR dos Exércitos. "Mas vocês perguntam: 'Como voltaremos?'" (Ml 3.6,7).

Analisaremos essa passagem com mais detalhes. Deus disse que Israel não estava pronto para suas bênçãos por não ter cumprido seus mandamentos. Aliás, o texto sugere que eles foram continuamente desobedientes. Não foi uma ofensa isolada. O pecado era um estilo de vida para aquele povo. Sua postura normal era essa. Normalmente, Deus teria consumido e varrido todos eles da face da terra. Mas uma promessa fora feita havia muito tempo, quando ele levantou sua mão e fez um juramento. Ele já havia dito que eles eram seu povo escolhido e que, por mais que se afastassem, desde que se arrependessem de seus pecados e voltassem para ele, não seriam destruídos, e o relacionamento com ele seria restaurado. Em seguida, nessa passagem, ele diz: "Vocês têm sorte de eu ser um Deus imutável que mantém a palavra. Não fosse assim, derramaria ira em vez de misericórdia e todos seriam destruídos". Ele, depois, lhes diz para voltar, mas o texto afirma que Israel não sabe como fazê-lo. Eles perguntam: "Como voltaremos?". Vejamos a resposta de Deus.

> Pode um homem roubar de Deus? Contudo vocês estão me roubando. E ainda perguntam: 'Como é que te roubamos?' Nos dízimos e nas ofertas. Vocês estão debaixo de grande maldição porque estão me roubando; a nação toda está me roubando (Ml 3.8,9).

Essa fala que Deus os deixou aturdidos. De onde veio aquilo? Estávamos falando sobre nos prepararmos para receber a vinda do Messias. Não falávamos sobre estar prontos para a revelação de sua pessoa, Senhor, e sobre o modo como essa revelação nos introduziria numa nova dimensão, em um patamar superior de sua vontade? Pensávamos estar falando sobre conhecer uma parte de seu propósito divino para nossas vidas, por isso perguntamos como nos prepararíamos, e sua resposta é: "Pode um homem roubar de Deus? Contudo vocês estão me roubando!". Que significa tudo isso?

Preste atenção agora, pois é aqui que costuma haver problemas na comunicação entre Deus e o homem. Deus assevera que você é negligente com sua lei. Você pergunta como, e Deus lhe diz algo desagradável aos ouvidos, ou que você apenas não entende; e as coisas ficam confusas.

Israel disse: "Como te roubamos, Senhor?". Eu amo a Deus. Ele é tão preciso no que nos fala que não há confusão alguma. Pense nisso. Pode-se pegar algo por acidente, mas não se rouba alguém involuntariamente. Roubar é um ato deliberado. Deus disse que eles o estavam roubando. Não disse que pegaram algo por acidente ou que, sem má fé, tomaram algo que pensaram lhes pertencer. Ele disse: "Vocês estão me roubando!". Não titubeou ou gaguejou, mas falou de forma clara.

Deus deixou claro que foi roubado nos dízimos e nas ofertas. Acompanhe-me, pois descobriremos que o problema não são os dízimos e as ofertas. Lembre-se de que o diálogo começou com uma conversa sobre Israel estar preparado para ver a revelação de Deus, quando este lhes disse que não estavam prontos. Em seguida, perguntaram sobre como deviam se preparar, e ele lhes fez uma pergunta retórica, visando alertá-los para a seriedade desse negócio das ofertas.

Quando Deus disse: "Pode um homem roubar de Deus?", eles ficaram apavorados. Veja que Deus os acusava de algo que poderia levá-los à morte. Deus acabara de dizer que o único motivo de não serem consumidos foi o fato de ser seu povo escolhido. Era algo que ainda não compreendiam, desde quando a mão de Deus os libertou do Egito. Deus havia posto em ação um ciclo espiritual de preparação, expectativa e revelação.

Perguntaram a Deus como receber sua presença, e ele lhes informou o que estava atrapalhando. Ele não falou de fornicação. Nem mencionou adultério. Não falou uma palavra sobre maledicência ou avareza. Mas deixou claro que foi a questão das ofertas que os tornou despreparados. Disse que estavam em falta com suas ofertas e, por isso, despreparados para receber a revelação de Jesus Cristo, o Ungido de Deus.

Mas, veja bem, eles realmente não tinham entendido nada. Acredito que o texto não trate tanto de rebelião, mas sim de falta de entendimento. Não é que não se dessem conta de estar retendo os dízimos e as ofertas, mas não entendiam quão grave era seu crime. Não digo isso para manipular você ou assustá-lo. E torno a repetir que não se trata de seu dinheiro. Não é possível comprar o favor ou a aprovação de Deus.

Por que, portanto, ofertar é a solução dada por Deus a Israel? Deus disse-lhes, em Malaquias 3.10, que trouxessem ao depósito do templo os dízimos que tinham roubado. Para entender o que está ocorrendo, é preciso ler o versículo inteiro.

> "Tragam o dízimo todo ao depósito do templo, para que haja alimento em minha casa. Ponham-me à prova", diz o SENHOR dos Exércitos, "e vejam se não vou abrir as comportas dos céus e derramar sobre vocês tantas bênçãos que nem terão onde guardá-las" (Ml 3.10).

Temos aqui o padrão de preparação, expectativa e revelação. Deus disse que levassem o dízimo todo ao templo. As ofertas e os dízimos sustentavam o templo e alimentavam os sacerdotes. Se as pessoas não ofertassem, o ministério era afetado, de modo que as contribuições preparavam a casa de Deus. Portanto, Deus disse: "Tragam sua oferta e esperem que eu derrame bênçãos sem medida". Isso é expectativa. Deus diz a você que traga seu dízimo e, depois, espere que ele faça alguma coisa. Isso é importante, pois essa expectativa é seu ato de fé. "A fé é a certeza daquilo que esperamos e a prova das coisas que não vemos" (Hb 11.1). Quando você contribui, Deus diz que você deve esperar que ele mantenha sua palavra quanto às conseqüências de sua oferta. O termo "derramar" significa "não reter nada". A intenção de Deus é derramar suas bênçãos até que tenha sido entregue tudo que há no céu para sua vida.

Gosto muito quando Deus diz que não teremos onde guardar tantas bênçãos. Sempre podemos receber coisas materiais, logo, ele não pode estar falando disso. O que Deus poderia derramar que não temos espaço para guardar é ele mesmo. Eis aqui a revelação: a presença de Deus está à espera de qualquer homem ou mulher disposto a dar. A maioria de nós lê esse texto e automaticamente pensa no dízimo. Mas a estrutura gramatical indica que a ênfase está na oferta. A palavra "tragam" em "tragam o dízimo todo" é, na verdade, a tônica da frase. Deus quer que você lhe traga o que pertence a ele, mas sua bênção está em trazer, e não no dízimo. Ele afirma que o dízimo é para a manutenção da casa dele, a casa onde ele habita com seu povo. O ato de trazer é que faz com que os céus se abram. Como sabemos disso? A resposta está na pergunta: "Pode um homem roubar de Deus?".

> **O que Deus poderia derramar que não temos espaço para guardar é ele mesmo.**

Lembre-se, o roubo é o problema. Essa palavra, roubar, significa, no hebraico original, "tapar algo". Essa é a idéia. É a imagem da pessoa que cobre com a mão a boca de um cálice, a fim de esconder ou reter seu conteúdo. O povo roubou a Deus pondo suas mãos sobre os dízimos e as ofertas que pertencem a Deus. Foi uma falta grave. Centenas de anos mais tarde, o autor do livro dos Atos mostrou-nos a gravidade da questão.

A igreja do Novo Testamento estava em formação e, tal qual os filhos de Israel, os crentes daquela época passavam por um momento de contribuição a fim de formar o ministério. A Bíblia diz que, entre o povo, "uma era a mente e um o coração" (At 4.32). Assim, todos davam de bom grado tudo que era necessário. Mas um casal se mostrou um pouco egoísta. Vejamos a passagem em questão:

> Um homem chamado Ananias, com Safira, sua mulher, também vendeu uma propriedade. Ele reteve parte do dinheiro para si, sabendo disso também sua mulher; e o restante levou e colocou aos pés dos apóstolos. Então perguntou Pedro: "Ananias, como você permitiu que Satanás enchesse o seu coração, ao ponto de você mentir ao Espírito Santo [...]? O que o levou a pensar em fazer tal coisa? Você não mentiu aos homens, mas sim a Deus". Ouvindo isso, Ananias caiu morto. [...] Cerca de três horas mais tarde, entrou sua mulher, sem saber o que havia acontecido. Pedro lhe perguntou: "Diga-me, foi esse o preço que vocês conseguiram pela propriedade?" Respondeu ela: "Sim, foi esse mesmo". Pedro lhe disse: "Por que vocês entraram em acordo para tentar o Espírito do Senhor? Veja! Estão à porta os pés dos que sepultaram seu marido, e eles a levarão também". Naquele mesmo instante, ela caiu morta aos pés dele. Então os moços [...] levaram-na e a sepultaram ao lado de seu marido (At 5.1-5,7-10).

Você pode pensar que, deixando de contribuir, afeta apenas a contabilidade da igreja, mas a questão é muito mais séria. Pedro não disse que se tratava de reter algo pertencente ao pastor, mas de defraudar a Deus. Ele pode não fulminá-lo, mas existem boas chances de que estejam morrendo áreas em sua vida, as quais deviam estar florescendo. A transgressão de Ananias e Safira não estava na quantidade de dinheiro que ofertaram, mas em reter algo que pertencia a Deus. Eles taparam, ou cobriram com a mão, algo que deveria ter sido dado a Deus.

Naturalmente, quando você cobre um copo com a mão, impede que outros tenham acesso a seu conteúdo. Mas isso também impede que qualquer coisa seja derramada nesse mesmo copo. Quando rouba de Deus, você o impede de abençoá-lo. Ele deseja abençoá-lo, mas não pode porque você pôs sua mão no caminho. Por isso Deus afirmou que todos estavam debaixo de grande maldição em Malaquias 3.9. Parte da promessa de Deus para seu povo dizia que ele abençoaria quem o abençoasse e amaldiçoaria quem o amaldiçoasse. Ou seja, se você abençoou o povo escolhido de Deus, foi abençoado; se o amaldiçoou-o, foi amaldiçoado. Não há meio termo. Não há "opção c", mas somente (a) abençoou ou (b) amaldiçoou. Como essa regra se aplica ao próprio povo escolhido de Deus? Como disse, só existem duas opções. Ou seja, quando o povo escolhido de Deus impede que Deus os abençoe, forçam Deus a amaldiçoá-lo.

Não era dinheiro o que Deus pediu a Israel. Da mesma forma, ao compreender o padrão existente na ordem de Deus de entregar-lhe sua vida, a atenção não deve estar no dinheiro. Mas, se for esse o caso, há algo que você deveria considerar. Deus não pediu que os filhos de Israel lhe dessem nada que ele, de antemão, não tivesse dado a eles. Ficou um pouco complicado? Então vou repetir. Deus não pediu a eles, assim como não pede a você, nada que ele já não lhe tenha dado, para que você possa lhe dar. Se você tiver dez reais, ele não lhe pedirá vinte. Se você tiver o dom de cantar, ele não lhe pedirá que dedique seu tempo a tocar guitarra na banda da igreja. Se você não tem misericórdia no coração, ele fará o que for necessário para lhe dar compaixão e, *só após*, pedirá que você a ofereça.

Somos por demais mesquinhos com Deus e não temos direito algum de tratá-lo como se ele nos impusesse alguma coisa. Olhamos para ele como se quiséssemos dizer: "Para que está me pedindo isso? Você viu minha conta bancária?". Tenho novidades para você: ele a viu e foi ele quem pôs tudo que há nela. Se ele lhe pedir, diga que não quer dar, mas não afirme que não tem. Se você for honesto com ele, ele pode trabalhar em seu coração; mas se mentir, ele não poderá fazer nada.

Deus tampouco precisa de seu dinheiro. Se precisasse, não acha que ele simplesmente o pegaria? Deus edifica o que quiser, alimenta quantos quiser e alcança quem ele desejar, com ou sem você. Ele poderia construir um templo de 10 milhões de dólares, com 20 milhões de pessoas contribuindo com 50 centavos por cabeça, se assim o desejasse. Não pense que ele não poderia. Por isso, algumas pessoas ficam admiradas pelo fato de Deus falar tanto em ofertar. E por que ele ordena, em vez de deixar por nossa conta?

Lembre-se de que o propósito de ofertar é ver a glória de Deus. Quando contribuímos, Deus diz que podemos ficar na expectativa de sua manifestação. E quando isso acontece, vemos sua glória. E onde a vemos? No templo. E nós somos o templo (v. 1Co 3.16.). Acompanhe meu raciocínio. O objetivo de Deus é habitar no templo com seu povo. Se Deus habita no templo, então deve ser visível. Ou seja, se ele habita em nós, devemos nos parecer com ele. Nossos olhos deveriam ver como os olhos de Deus. Nossos ouvidos deveriam ouvir como os ouvidos de Deus. Deveríamos refletir sua santidade. Nossos braços deveriam estar dispostos a alcançar as almas perdidas, e *nossas mãos deveriam ser tão generosas quanto as dele.*

Escute bem: mãos que cobrem o que pertence a Deus não o glorificam. Quando Deus diz: "Tu me roubaste", não está falando de dinheiro, mas de glória. Deus é um ser que doa. Seu amor se expressa na generosidade. Ele amou o mundo de tal maneira que deu seu Filho. E, seu Filho deu a vida por nós. E também nós somos orientados a dar. Por quê? Porque Deus deseja reproduzir sua pessoa em nós. Dar faz com que Deus seja visível ao mundo por meio de nós. Por isso Deus ama quem dá com alegria – ele mesmo dá com alegria. Ele tem prazer em nos dar com sua mão.

Levei algum tempo, mas finalmente entendi. Deus não quer seu dinheiro de volta, mas sim sua glória. Sendo um doador do tipo mais glorioso, sua generosidade é uma das mais magníficas facetas de sua personalidade. Visto que possui tudo, pode tudo e é tudo, não há parte alguma de seu ser que não seja generosa. Ele não pode evitar. Na verdade, Deus não poderia receber nada de nós que lhe acrescentasse alguma coisa, pois ele não pode tornar-se mais do que já é. É importante sabermos disso, pois significa que ele também não precisa da glória que lhe damos. Se glorificamos ou não a Deus com nossas ofertas, ele não fica nem mais nem menos glorioso. Pense nisso. Até mesmo a glória que damos a ele reverte em nosso próprio benefício. Deus não é transformado pela glória que lhe damos, mas nós sim. Ele só deseja ser glorificado por aquilo que nos dá.

E, mais uma vez, me vem aquele pensamento. Deus tem me dado tanto! Tudo que possuo me foi dado por ele. Tudo que dou o glorifica, mas também me transforma, de modo que tudo que dou volta para mim. Que minhas mãos se tornem tal qual as mãos de Deus. Ansiosas para dar e só esperando receber de volta com um objetivo: transformar em outra dádiva.

O oleiro:
a mão de Deus

> A vida é como uma pedra de amolar. Ser triturado ou polido depende do material de que você é feito.
>
> James S. Hewett, *Illustrations unlimited* [*Ilustrações diversas*]

Um dos desafios do ministério da Palavra de Deus, com que constantemente me debato, é a declaração de Paulo que aparece no livro de Atos, quando ele diz aos efésios: "Pois não deixei de proclamar-lhes toda a vontade de Deus" (At 20.27). No ambiente eclesiástico de nossos dias, temos diluído e amortecido a Palavra de Deus a ponto de, em nossos domingos, fazer pouco mais do que cócegas nos ouvidos do povo de Deus. A igreja contemporânea tem adotado uma postura tão voltada para o recebimento de bênçãos, que os líderes ficam muitas vezes temerosos, hesitando proclamar a Palavra de Deus por inteiro, mormente a parte que não é tão "agradável". Paulo disse aos efésios que ficaria registrado o fato de ele ter dito tudo que precisava ser dito, sem se limitar ao que era agradável às pessoas.

Já vimos a mão de Deus que abençoa, resgata, dá, orienta, protege e sustenta. Essa imagem faz com que exultemos, pois significa que somos abençoados, salvos, recebidos, guardados; não estamos perdidos ou sós. No entanto, há outro aspecto da mão de Deus, não tão cômodo, com o qual muitos têm dificuldade de lidar. Não se esqueça de que a mão de Deus está inextricavelmente vinculada à vontade e soberania divinas. Aquilo que Deus quer, pode certamente ter. Jamais houve um momento em que ele quisesse algo e não conseguisse. Ele não possui nada que não queira ter, porque não há nada fora do seu controle ou além de sua vontade, inclusive nós.

> A mão de Deus está inextricavelmente vinculada à vontade e soberania divinas.

As mãos de Deus nos moldam e nos formam, tornando-nos conforme sua vontade. Nesse contexto, apelamos ao criador, ao artífice e ao projetista que há nele. Jeremias 18 mostra-nos Deus como o oleiro, que trabalha habilmente um pedaço de barro conforme sua vontade.

> Esta é a palavra que veio a Jeremias da parte do SENHOR: "Vá à casa do oleiro, e ali você ouvirá a minha mensagem". Então fui à casa do oleiro, e o vi trabalhando com a roda. Mas o vaso de barro que ele estava formando estragou-se em suas mãos; e ele o refez, moldando outro vaso de acordo com a sua vontade. Então o SENHOR dirigiu-me a palavra: "Ó comunidade de Israel, será que eu não posso agir com vocês como fez o oleiro?", pergunta o SENHOR. "Como barro nas mãos do oleiro, assim são vocês nas minhas mãos, ó comunidade de Israel" (Jr 18.1-6).

Adelaide A. Pollard aproveitou a temática de Jeremias 18 e disse com humildade e submissão:

> Como tu queres, Senhor, sou tua.
> Tu és o oleiro, o barro sou eu.

Quebra e transforma até que, enfim,
Tua vontade se cumpra em mim.

A figura de Deus como oleiro transmite profunda intimidade e contato estreito com o fiel. São suas mãos que nos moldam e, portanto, nos conhecem pela familiaridade do toque. A imagem pode ser reconfortante até nos darmos conta de que as mãos de um oleiro vão além de conhecer as linhas e as formas externas do barro. O objetivo do oleiro é sempre mudar a forma que está a sua frente.

De forma semelhante, as mãos de oleiro de Deus procuram nos transformar em algo melhor do que éramos quando vamos a ele. Neste ponto começa nosso desconforto: a declaração de Deus de que não somos o que ele queria que fôssemos. Não me agrada ouvir isso, pois é algo que perturba meu ego. Desvaloriza a opinião que tenho de mim mesmo e estoura o balão de meu orgulho.

Quando você compra barro na loja, ele vem em blocos bem formados, bonitos, bem embalados e agradáveis ao toque. Alguns de vocês tinham formado belas vidas em formato de bloco, sempre bem cuidadas e ordenadas. Contudo, se viram nas mãos do oleiro, e a primeira coisa que ele fez foi acabar com aquela forma anterior. A ordem aparente de antes já não existe. Aquele maravilhoso plástico transparente e protetor foi removido e jogado fora. Seu bloco agora não passa de um feio torrão de barro. Tudo que podia ser reconhecido foi amassado pela mão do artista, que, embora tenha algo em mente, não se importou de informá-lo. Bem-vindo às mãos de Deus.

Existem dois aspectos muito importantes que você precisa conhecer, ao submeter seu intelecto à idéia de Deus como Oleiro divino. Primeiro, todo artista já sabe o que fará antes de o trabalho começar. É importante que você entenda isso. Deus já sabia o que tinha planejado para você muito antes de deitar as mãos em você. Uma das primeiras coisas que Deus disse a Jeremias foi que sua vida não era um acidente. Não era um acaso gerado por inclinações e paixões humanas fortuitas. Foi um ato intencional gerado pela sabedoria na mente soberana de Deus.

> "Antes de formá-lo no ventre eu o escolhi; antes de você nascer, eu o separei e o designei profeta às nações" (Jr 1.5).

Deus não está tentando decidir o que fará com você. Ele só o formou porque sabia o que você seria. A mão de Deus confirma a vontade divina. Isso quer dizer que Deus o quis antes de formá-lo.

Em segundo lugar, você deveria ter ciência de que Deus sabe como realizar tudo o que deseja fazer com você. Isso é igualmente importante, mas nem sempre fica claro. Voltemos a Jeremias 18.4:

> Mas o vaso de barro que ele estava formando estragou-se em suas mãos; e ele o refez, moldando outro vaso de acordo com a sua vontade.

Esse versículo atrai minha atenção sempre que o leio, pois diz que o vaso nas mãos do oleiro se estragou enquanto ele o moldava. Algo não está certo aí. Trata-se de um vaso feito pelo oleiro. Ele o fez. O vaso não foi adquirido no ateliê de outra pessoa, mas feito por suas próprias mãos, e o versículo diz que estragou-se em suas mãos. Estava defeituoso.

Ao menos se tivesse se estragado em algum outro lugar; mas não é o que o versículo diz. Faria sentido se outra pessoa o tivesse feito e posto, já estragado, nas mãos do oleiro, mas não é o que o texto afirma. O versículo afirma que o vaso se estragou nas mãos do oleiro. E quando este reconheceu o defeito, tornou a formar um novo vaso "de acordo com a sua vontade".

O oleiro é identificado como Deus. O barro somos nós, os crentes, o povo de Deus. A vontade, a criação e o desejo do oleiro se desenvolvem na roda do oleiro. Eis nosso destino. A forma do vaso é a vontade de Deus para nossa vida. Mas temos aqui uma peça de cerâmica feita pelas mãos de Deus... que está defeituosa.

A palavra "estragar-se" significa "tornar-se impróprio para o uso". Quer dizer "ficar bagunçado". Temos uma peça de cerâmica nas mãos do oleiro que não pode ser utilizada. Está estragada. Estragar-se também significa "tornar-se desprezível, sem valor". Ainda há esperança nessa situação, pois, normalmente, quando faz algo com defeito, o oleiro abandona a peça de lado. No entanto, não é qualquer oleiro que está trabalhando em você, mas *o* Oleiro. O texto não diz que o vaso é abandonado, mas que o oleiro o segura em suas mãos.

Agora, a dúvida que me atormenta nesse ponto é a seguinte: o que aconteceu ao barro durante o processo de fabricação que o estragou ou o deixou defeituoso? O que o danificou? Temos o oleiro com uma peça de cerâmica feita por suas mãos que está com defeito. Aquele vaso de barro somos nós. O oleiro é Deus. A roda do oleiro representa o modo como Deus imprime sua vontade em nossa vida. Quando o oleiro põe o barro sobre a roda e começa a trabalhar, é sua própria vontade que ele tem em mente.

Preste atenção. Ele estava fabricando algo, e não brincando com o barro. Estava com toda a intenção e vontade de trabalhar ao se sentar à roda. Tinha em mente a aparência que aquele barro teria quando o trabalho estivesse acabado, a fim de que sua vontade se manifestasse na roda. Agora, pularemos para um outro ponto e, quem sabe, descobriremos, antes de mais nada, quais eram os planos do Oleiro. O que o Oleiro tinha em mente quando pegou o barro? Passemos a outra passagem para um entendimento de qual era sua intenção.

> Pois eu sei os planos que tenho para vós, diz o Senhor, planos de paz, e não de mal, para vos dar uma esperança e um futuro (Jr 29.11; ECA).

Segundo a NVI, Deus deseja dar "esperança e um futuro". Temos de entender isso direito. Ao sentar-se para trabalhar na roda, a vontade do Oleiro era que a cerâmica acabasse em um lugar de paz. Seus pensamentos a nosso respeito, as idéias e os planos dele para nossa vida são de paz, não de desgraça. Ele não planeja, nem jamais planejou, que nosso fim fosse o mal, mas que tivéssemos esperança no futuro. Contudo, o que aconteceu no meio do caminho que nos causou tantas dificuldades a ponto de acabarmos em suas mãos, estragados e desfigurados?

Bem, pode ser que algo tenha acontecido após ele ter terminado. Quando foi pegar novamente a peça, ela estava estragada. Algo aconteceu. Veja Salmos 31.5. É um salmo de Davi, cujas palavras também foram citadas por Jesus.

> Nas tuas mãos entrego o meu espírito; resgata-me, SENHOR, Deus da verdade.

Davi disse: "Ponho minha vida em tuas mãos, Senhor. Ponho meu espírito em tuas mãos". É um bom lugar. No entanto, qual era sua forma quando Davi se colocou nas mãos de Deus? O versículo 12 desse salmo nos mostra como ele se sentia.

> Sou esquecido por eles como se estivesse morto; tornei-me como um pote quebrado.

Outra versão diz: "Sou como um pedaço de cerâmica quebrada". E outra traz o termo "pote abandonado". O significado é claro: Davi se sentia desprezado e abatido. Pôs seu espírito nas mãos de Deus, sentindo-se como cerâmica quebrada. Mas vamos devagar com esse raciocínio. Você já se sentiu abatido? Parece ser uma contradição e tanto. Davi disse: "Coloco-me em suas mãos, mas me sinto como se não fosse nada".

Que aconteceu em sua vida que fez você se sentir sem valor? Que aconteceu em sua vida que o fez se sentir abatido e abandonado? Quem o prejudicou? O que aconteceu para prejudicar sua bela aparência? O que estragou sua auto-estima? O que o depreciou? Davi sentia-se como um homem morto. Tinha a impressão de estar ficando louco. Sentiu-se totalmente esquecido e largado, tal qual um vaso quebrado, inútil e sem valor.

A vida pode abater você. Diariamente, você conhecerá pessoas cujos sorrisos escondem corações abatidos e partidos. Certa vez, na África do Sul, ouvi no noticiário que aquele país era a capital mundial do estupro. Naquela época, havia um estupro a cada vinte e seis segundos. Três em cada quatro mulheres já tinham sido estupradas antes de completar dezesseis anos. A África do Sul é um país de mulheres abatidas, que têm sido ultrajadas e maltratadas. O que abateu você?

Algumas vezes você busca a Deus mesmo estando arrasado. Vez ou outra, você precisa levar suas feridas para ele; ao se colocar em suas mãos, sente como se não estivesse dispondo de nada, como se você fosse nada. Olha-se no espelho e não vê nada olhando de volta para você. Davi disse: "Sinto-me como um vaso quebrado". Mas, mesmo nessa situação, Davi declarou: "Estou nas mãos de Deus".

Não posso contar o número de vezes que me senti sem valor. Não posso contar o número de vezes que me senti como um fracassado ou inútil. Só encontrei consolação no entendimento de que estava nas mãos de Deus.

A passagem da Bíblia afirma que o Oleiro tomou o vaso nas mãos, e o vaso estava estragado. Não ficamos sabendo o que o estragou, mas o versículo seguinte diz que, em função disso, o Oleiro fez algo muito interessante. Ele refez o vaso. Ora, para refazê-lo, ele precisou colocá-lo de volta na roda. Aliás, seria necessário esmagá-lo. O vaso já estava danificado, mas, para refazê-lo, seria necessário transformá-lo no que fora antes de ser vaso. Antes, era barro, e o oleiro precisava levá-lo de volta a esse estado e, em seguida, colocá-lo na roda, a fim de fazê-lo novamente.

Você pode dizer: "Espere um pouco! Acabei de passar por uma situação difícil, e você me colocará de volta nessa roda? Passei por tribulações e momentos terríveis, e, para me abençoar, você me esmagará? Já me sinto como se não fosse nada — um inútil —, e, para me renovar, você começará todo o processo de novo?".

As mãos de Deus só operam de acordo com a vontade divina.

Lembre-se de Jeremias 29.11. Os planos do Oleiro são de lhe dar paz, futuro e esperança. Isso significa que, por mais doloroso que seja, você chegará ao fim que espera. As mãos de Deus só operam de acordo com a vontade divina.

Uma batalha de vontades

Os danos sofridos pelo vaso poderiam ter ocorrido sem que este o permitisse. Mas há outra implicação desse texto que nos dá uma idéia de como o vaso se estragou nas mãos do Oleiro. O texto sugere que as deformações e defeitos podem não ter ocorrido em função do que alguém fez ao vaso, pois vemos que o barro tem vontade própria e capacidade de resistir à vontade do Oleiro. Continuando a ler o capítulo 18 de Jeremias, descobre-se que o barro, isto é, o povo de Deus, rebelou-se contra ele e desobedeceu-o. Por isso, talvez não precisemos ficar tão sentidos por cada pedaço de vaso estragado. Se você prosseguir lendo, descobrirá que Israel desobedeceu a Deus e que os defeitos no vaso se relacionam ao pecado do povo. Os defeitos e as falhas são conseqüência das escolhas que fizeram. A Bíblia mostra que eles se voltaram contra Deus e, ao fazê-lo, perderam as bênçãos que Deus tinha preparado para eles.

Apertem os cintos. Enfrentaremos alguma turbulência. Deus afirma que a nação pecou e, devido a seu pecado, tornou-se imperfeita e danificada em suas mãos. Nessa passagem, que diz que o oleiro refaz o vaso, aludindo ao fato de que ele precisa quebrá-lo e esmagá-lo, temos a indicação de que Deus age movido pela ira. Refazer o vaso expressa a insatisfação de Deus. Por não estar satisfeito, ele o refaz em vez de deixar como está. Se isso implicar ser dolorosamente esmagado, ele o fará visando conseguir o que quer. Não se trata de um retrato da gentileza de Deus, enquanto ele refaz e remodela. É uma imagem de seu castigo, que, embora ocorra em função de sua graça e misericórdia, não é agradável nem indolor.

Ao ler o texto, temos quase a impressão de que Israel quis questionar o direito de Deus de renová-los, pois Deus diz:

> "Ó comunidade de Israel, será que eu não posso agir com vocês como fez o oleiro?", pergunta o SENHOR. "Como barro nas mãos do oleiro, assim são vocês nas minhas mãos, ó comunidade de Israel. Se em algum momento eu decretar que uma nação ou um reino seja arrancado, despedaçado e arruinado, e se essa nação que eu adverti converter-se da sua perversidade, então eu me arrependerei e não trarei sobre ela a desgraça que eu tinha planejado. E, se noutra ocasião eu decretar que uma nação ou um reino seja edificado e plantado,

> e se ele fizer o que eu reprovo e não me obedecer, então me arrependerei do bem que eu pretendia fazer em favor dele" (Jr 18.6-10).

Deus nos diz que o relacionamento que temos com ele é uma via de mão dupla. Ele afirma que, se houver arrependimento por parte daqueles que se voltaram contra ele, ele retornará e os abençoará conforme prometera no início. Mas, se ele assegurar a bênção e voltarem-se contra ele, todo direito àquela bênção será perdido. Em suma, a desobediência demonstra a Deus que não queremos sua bênção; portanto, ele a retém. E ele nos castigará até aprendermos a desejar sua bênção.

Deixe-me dizer-lhe algo sobre a mão de Deus. Ele ama você, mas não deixará de lhe dar umas palmadas. Vocês, pais modernos, não conseguem aceitar isso. Ele não porá você "de castigo" no canto. Não falará com você sacudindo um dedo em sua cara. Ele falou por meio de sessenta e seis dignos livros da Bíblia, de sermões, de amigos, de situações e até mesmo de forma direta em suas orações. Quando ele acabar de falar, acabou; fim de papo. E não adianta nada ficar nervoso com isso. Trata-se de uma cláusula em seu contrato de salvação e não está em letras pequenas. Está bem debaixo de seu nariz. Se você não acredita, leia em Hebreus 12.5:

> **Deus o ama, mas não deixará de lhe dar umas palmadas.**

> Vocês se esqueceram da palavra de ânimo que ele lhes dirige como a filhos: "Meu filho, não despreze a disciplina do Senhor, nem se magoe com a sua repreensão".

Deus está construindo algo com você e não está brincando. Ele leva a sério aquilo que fabrica com seu barro. Preocupa-me que muitos de nós imaginemos que Deus está apenas brincando. Vamos à igreja todos os domingos e vivemos como queremos de segunda a sábado. Por isso não acreditamos que Deus é sério. Não vivemos com a consciência constante de que estamos nas mãos de um Deus soberano e todo-poderoso. Vamos de uma corrente de restauração para outra e de uma cruzada para outra. Entre uma e outra, vivemos como queremos. Nós nos "arrependemos" tantas vezes do mesmo pecado, que já nem nos sentimos mal a esse respeito.

Uma passagem em Hebreus diz que Deus usará a vara em seus filhos e completa: "Não fuja quando chegar sua vez". Quando íamos apanhar de minha mãe, ela esperava sempre no mesmo lugar. Corríamos em volta da casa, pela rua, e ela só esperava. Cedo ou tarde tínhamos de voltar para casa. E Deus diz para não ficarmos magoados com sua repreensão, o que é curioso. Lembro-me de uma vez em que minha mãe ainda nem tinha batido em Kathy, minha irmã. Mal levantou a mão, e Kathy começou a gritar. Mamãe falou: "Eu ainda nem bati em você!". Deus ainda nem bateu em nós, e já estamos desfalecendo. O que faremos quando ele realmente tocar em nós? Nas Escrituras somos aconselhados a não desfalecer ao ser repreendidos por Deus, nem fugir quando chegar a hora de apanhar.

Ora, ser disciplinados em nossa casa era sempre pior, pois éramos obrigados a contribuir com nossa própria dor. Havia árvores em nosso jardim e, quando chegava a hora do castigo, nossos pais nos faziam sair e escolher a vara que usariam em nós. Tínhamos duas árvores. Um salgueiro e outra, que tinha galhos longos, curvos e grossos.

Mamãe dizia: "Pegue uma vara". Que sangue frio, não? Ser obrigado a pegar o instrumento da própria ruína. Eu ia lá fora, pegava alguns galhos e testava a dor que podiam causar. O problema é que eu não podia entrar com algo que claramente não causaria dor alguma. Nem gosto de lembrar as vezes que apanhei "dobrado" por trazer minúsculas varas de salgueiro. Por muito tempo, achei horrível me fazerem escolher o instrumento de minha própria punição. Mais tarde, achei aquilo apropriado ao caráter de Deus.

Você consegue imaginar Deus permitindo que você escolha sua punição? Em 2Samuel 24, lemos que Davi havia pecado. Realizou um censo quando Deus lhe disse para não fazê-lo. Com aquele ato, Davi demonstrou que não confiava em Deus e tentava verificar o tamanho de seu exército. Deus não ficou feliz com aquilo. Decidiu punir Davi, mas fez um acordo com ele. Disse: "Você poderá escolher entre três castigos. Escolha um e ele será aplicado". Isso é o que mais me impressiona: Davi fez besteira, Deus sabia que Davi tinha feito besteira, mas Deus decidiu fazer um acordo com Davi. Era uma questão de múltipla escolha: (a) sete anos de fome; (b) três meses de perseguição nas mãos de seus inimigos; ou (c) três dias de peste sobre a terra. Então, Deus disse: "Diga-me o que quer que eu faça".

Eu teria dito: "Tem de haver a letra 'd' nesse negócio. Com certeza dá para fazer melhor do que isso". Gosto muito da resposta de Davi. Ele disse: "É grande a minha angústia!" (2Sm 24.14). Outra versão diz: "Estou desesperado!" (NTLH), e outra ainda diz: "É uma decisão difícil". (BV). É, acho que sim. Mas a resposta de Davi foi sensacional. Ele diz: "Prefiro cair nas mãos do SENHOR, pois grande é a sua misericórdia, a cair nas mãos dos homens" (v. 14). Davi percebeu que estaria mais seguro na mão de Deus, que tentava lidar com homens em meio a escassez ou em fuga. Ele optou pela mão de Deus. Sabia que seria doloroso e desagradável, mas escolheu a misericordiosa mão de Deus.

Eis o que pretendo que você veja. Há uma escolha. Você já fez algumas escolhas que prejudicaram e estragaram seu relacionamento com Deus. Ele quer corrigir isso. Você pode tentar controlar sua própria vida, resolver seus próprios problemas e contar com a misericórdia do mundo; ou deixar o Oleiro colocá-lo de volta na roda e trabalhar em você. Houve momentos em minha vida nos quais, assim como Davi, estraguei tudo. Admito que já tentei fugir da roda. Em algumas ocasiões eu soube que estava sob a mão punitiva de Deus e aprendi a levá-lo a sério, pois sei que ele leva meu pecado a sério. Aprendi a pensar duas vezes, em vez de desobedecê-lo precipitadamente. Conheci o erro de pensar que, por ter escapado impune uma vez, estava livre daquele pecado.

No momento em que passamos a respeitar o castigo de Deus, ele pode nos levar a ter um outro tipo de relacionamento com ele. Quando se é criança, você só se comporta devido ao medo de ser castigado. Mas Deus diz que temê-lo é apenas o início da sabedoria, o que indica a existência de um outro patamar. Precisamos chegar ao ponto de resistir ao pecado por saber que ele traz decepção para Deus.

No momento em que passamos a respeitar o castigo de Deus, ele pode nos levar a ter um outro tipo de relacionamento com ele

Antes de ter meus próprios filhos, não compreendia quando meus pais e outras pessoas diziam que castigar os filhos doía mais neles do que nos filhos. Costumava pensar que meus pais ficavam de cara feia por sentirem raiva ao bater em mim. Quando tive meus próprios filhos, compreendi.

Quando meu filho Kenden era mais novo e me desobedecia, eu batia nele, mas doía em mim. Conforme ele foi se tornando mais velho, nossos vínculos ficaram mais fortes, e o castigo assumiu uma nova forma. Certa vez, ele se meteu em encrencas na escola e veio chorando para casa. Ainda não tinha dito nada, mas ele sabia que a escola tinha me ligado e que eu o estaria esperando em casa. Ele chegou chorando e disse: "Papai, você vai bater em mim, não vai?". Jamais esquecerei aquela cena. Eu estava decepcionado e magoado. Ele chorava pelo que tinha feito, e eu estava tão triste com aquilo que tinha lágrimas nos olhos. Eu disse: "Kenden, você partiu meu coração. Papai está tão decepcionado com você! Saia da minha frente". Eu não encostei a mão nele, nem sacudi meu dedo em seu rosto. E ambos estávamos magoados.

Você sabe o que seu pecado faz para Deus? Ele parte o coração desse Deus que o tem amado, suprido, feito prosperar e salvo de tantas coisas. Escolhemos nos afastar de sua vontade, optamos por violar suas leis. Nós temos a iniciativa de abusar e maltratar os outros e a nós mesmos, ao mesmo tempo que esperamos que ele nos abençoe. O pecado magoa o coração de Deus e, se você ama a Deus, também deveria magoar você quando ocorre.

O mais incrível na passagem de Jeremias, para mim, não é o fato de o vaso estar quebrado ou danificado, nem de estar partido ou lascado. Não é nada disso. O mais incrível é que, por mais que houvesse defeitos, o oleiro continuou a segurar o vaso em suas mãos.

Naquela noite, antes de ir para a cama, Kenden procurou-me e abraçou-me. Disse: "Papai, me desculpe". Não houve surras, mas dor. Não houve castigo, mas tristeza. Não houve punição, mas arrependimento.

Você já teve de procurar Deus e dizer: "Pai, me desculpe"? Já esteve naquele ponto doloroso em que estamos arrasados e arrependidos? Já viveu aquela situação em que é preciso encarar a Deus, que merece nada menos do que o melhor de nós, e dizer: "Fiz algo que sei que o magoou. Desculpe-me. Infringi sua lei, roubei de você, não perdoei meu próximo. Desculpe-me, pois pequei. Desculpe-me."?

Na manhã seguinte, Kenden procurou-me antes de ir para a escola. Ele disse: "Papai, você ainda está zangado comigo?". Eu respondi: "Filho, está perdoado. Já acabou. Eu amo você". "Se confessarmos os nossos pecados, ele é fiel e justo para perdoar os nossos pecados e nos purificar de toda injustiça" (1Jo 1.9). É isso que acontece quando voltamos à roda. Essa restauração é obra do Oleiro.

Já viu alguma vez um oleiro trabalhando com uma peça de barro? Ele fica o tempo todo molhando a peça com água, a fim de mantê-la úmida e flexível enquanto trabalha. A água é a Palavra de Deus. Se você permitir que Deus o encharque com ela e o transforme no vaso que ele deseja, o nome dele será glorificado, e você viverá o destino que ele planejou para você.

Mãos invisíveis

Até aqui aprendemos que o Oleiro tem vontade e que o vaso também tem vontade. Mas há uma vontade que pode passar despercebida caso a passagem seja lida muito rapidamente.

Lembre-se de que a passagem da Bíblia diz que o vaso "estragou-se" nas mãos do Oleiro. Isso poderia significar que o barro sofreu a ação de alguma força externa. Ou que o barro fez algumas escolhas erradas. Há, ainda, uma terceira opção. A palavra "estragado", ao falarmos de barro, poderia também significar que ele "contém fragmentos estranhos". Ou seja, que o barro possuía algo que não lhe pertencia mas foi misturado nele, acabando por estragar o vaso produzido com ele.

Os tempos verbais sugerem que não foi o Oleiro que pôs imperfeições ou partículas no barro. Em outras palavras, o Oleiro não pode ser responsabilizado pelos defeitos do vaso. Aliás, a voz passiva que vemos no verbo pode aludir a algo que aconteceu ao barro.

Como eu disse, temos a vontade do Oleiro, e a vontade do barro. E há a vontade de um outro ser, que não queria ver a vontade do barro sucumbindo à vontade do Oleiro e que manifestou sua própria vontade pondo algo no barro para fazê-lo resistir. Quero chamar sua atenção para o fato de o inimigo possuir uma vontade. E ele quer enfiar toda e qualquer coisa ou pessoa em sua vida a fim de estragar e ferir. Ele quer dissuadi-lo de tentar viver sua vida na roda do Oleiro.

Estar na roda já é duro o bastante, mas ser atacado e contaminado com impurezas torna a situação ainda mais difícil. Algumas vezes, as más escolhas que fazemos ocorrem em função de impurezas que o inimigo pôs em nossas vidas antes mesmo de nascermos. São coisas que ele pôs na vida de nossos pais e, agora, na nossa.

Não é algo tão absurdo quando se pensa a respeito. Vem-nos à mente a parábola de Jesus que compara o Reino de Deus a um homem que semeia um campo. Enquanto ele dorme, o inimigo se aproxima e semeia joio entre a plantação. Isso não é próprio do diabo? Você tenta ser o melhor pedaço de barro possível, lá na roda do Oleiro; surge, porém, algo em seu interior que o tira do estado normal. Em vez de fazer uma volta suave, você começa a vacilar nas mãos do Oleiro. O que acontece a seguir você já sabe: ele o transforma numa massa irreconhecível. Mas não perca a esperança.

Antes de mais nada, lembre-se de que você está na roda de um Oleiro que sabe muito bem o que faz. Ele sabia das condições do barro ao pegá-lo. Sabia quanta porcaria, quantas impurezas e quanta matéria estranha existia nele. Quando você começou a balançar de um lado para o outro na roda, ele não ficou nem um pouco surpreso. Mas você pode se perguntar por que o Oleiro decidiu fazer algo com o barro, se sabia que estava estragado. Aí está a graça.

Você não é quem é por ser maravilhoso, mas sim porque o Oleiro sabia o que fazer com você. Você vê todos os problemas que tem em seu interior; ele vê os planos que tem para sua vida. Você vê falhas e defeitos; ele vê uma noiva para seu filho, livre de todas as impurezas que o inimigo pôs ali. Você vê o que foi usado na formação do barro. Deus vê o que resultará dos esforços feitos por ele em seu favor.

Ele o coloca naquela roda e deixa você girar e girar. Enquanto isso, ele tem as mãos sobre você, moldando você, acariciando-o e trabalhando em você. Suas mãos sentem as protuberâncias e irregularidades sob a superfície, fazendo com que os fragmentos venham à tona. Ele sabe quando fazê-lo ficar um pouco mais alto e quando você precisa voltar a ser amassado.

Sobre a roda há uma batalha de vontades. A vontade do Oleiro é produzir um vaso que traga glória e honra à obra de suas mãos. Mas também há a vontade do barro, que pode resistir ou se render à vontade do Oleiro. Há também a vontade do inimigo, cujo objetivo é impedir o trabalho do Oleiro, enfiando tudo o que puder no barro.

Quem possui a vontade mais forte? O inimigo deseja que você acredite que é sua vontade ou a dele que está no controle. Se ele puder fazê-lo crer nisso, você passará o resto da vida a sua mercê. A verdade é a seguinte: a vontade do inimigo é mais forte do que a sua — a não ser que você submeta sua própria vontade à vontade do Oleiro. Pense nisso. Se o barro insiste em resistir às mãos do Oleiro, ele acabará por tirá-lo da roda. Em seguida, o barro secará e ficará inútil. Mas, se você entregar sua vontade ao Oleiro e permanecer na roda, ele consertará cada falha ou defeito em você.

Uma das fases da produção de vasos consiste em colocá-los no forno para endurecer. Não há como evitar isso, filho de Deus.

Você verá o fogo, e o inimigo tentará fazê-lo acreditar que o fogo pode destruí-lo. No entanto, deixe-me contar-lhe um segredo sobre a produção de vasos.

Não é o fogo que torna o vaso firme. É a integridade arquitetônica do vaso *antes* de ele ir para as chamas que assegura sua estabilidade. Se a peça não for corretamente formada antes de ir ao fogo, havendo bolhas ou fragmentos no barro, acabará se partindo sob a pressão do calor do fogo. Não se esqueça disso. Estou prestes a lhe dar uma valiosa arma contra as armadilhas do diabo.

Quando um oleiro leva o vaso ao fogo, já está seguro de que a peça pode suportar o calor. Repetiremos isso mais uma vez. O oleiro jamais, em hipótese alguma, leva uma peça ao fogo, até que esteja certo de que ela não será destruída pelas altas temperaturas a que será exposta. Ora, certeza é algo relativo. Depende de seus conhecimentos, de seu talento, de sua capacidade, de sabedoria e de habilidade no controle de fatores externos. Quem é seu Oleiro? Na última vez em que verifiquei, ele sabia todas as coisas, podia fazer qualquer coisa e tinha sabedoria e poder perfeitos, e nada ficava fora de seu controle. Como ele é o mesmo ontem, hoje e para sempre, creio que pode ter certeza absoluta de que você estará pronto se precisar passar pelo fogo.

Algumas pessoas pensam que Deus usa o fogo para descobrir se elas podem suportar o calor. Ele *sabe* que podem e é por essa razão que as coloca lá. Ele quer é que *você mesmo* saiba que consegue. Sempre que se achar sob pressão, exposto às chamas, lembre-se de quem eram as mãos que te seguravam antes de vir para o fogo. Lembre-se de quem o formou e o construiu. Lembre-se de quem o conhece mais intimamente do que você mesmo.

Não tente sair do fogo antes do tempo. Isso também está sob o controle do Oleiro. O conhecimento e a sabedoria dele são perfeitos. Não existem mãos mais hábeis do que as dele quando se trata de moldar seu destino. Caminhar com Deus é estar sempre ajustando minha vontade à dele. É ter somente os desejos que ele quer que eu tenha. Se ele não quer algo para mim, eu também não quero.

Maturidade espiritual é aprender como alinhar minha vontade à vontade do Oleiro. Significa submeter-me, quando minha vontade for inteiramente diferente da dele. É quando preciso pôr em prática minha teologia do "contudo". Todo crente, ao reagir à modelagem e à conformação das mãos de Deus, precisa de uma teologia do "contudo". "Contudo" é aquele momento em que digo: "Contudo, não seja feita a minha vontade, mas a tua". Sempre que você pede a Deus que realize a vontade dele, está automaticamente pedindo que ele desfaça sua vontade pessoal. Você já não quer mais perguntar se há outra saída. Você já falou, chorou e está esgotado. Se há alguma outra maneira, você nem quer saber. Deseja apenas conhecer o caminho que ele quer que você tome.

É mais seguro estar nas mãos de Deus do que em qualquer outro lugar.

Continue na roda. Eu lhe garanto que é mais seguro estar nas mãos de Deus do que em qualquer outro lugar. Deus é sua garantia única nesta vida. Qualquer coisa fora de sua vontade leva à destruição. Casamentos não são feitos na cama, mas na roda. Ministros não são feitos em escolas, mas moldados na roda do Oleiro divino. Caráter, integridade, santidade, fé, resignação, sabedoria, perdão, coragem e amor são características moldadas sobre a roda. Tudo que Deus deseja para sua vida está naquela roda, e, como tudo que diz respeito às mãos de Deus, a única reação correta é aceitá-la. Charles Swindoll escreveu: "Aceitação é tomar das mãos de Deus absolutamente qualquer coisa que ele escolhe nos dar. É contemplar seu rosto com amor, confiança e, até mesmo, ação de graças, sabendo que os limites do aprisco onde ele nos colocou são bons e até perfeitos, por mais que sejam dolorosos. E tudo isso simplesmente porque ele mesmo nos deu".

"Como o barro nas mãos do oleiro, assim são vocês nas minhas mãos. Será que eu não posso agir com vocês como fez o oleiro?"

Será que ele pode?

A busca mui amada: o coração de Deus

Como ele se parece? Tem mãos para ajudar os outros, pés para se apressar em alcançar o pobre e o necessitado, olhos para ver a miséria e a carência, ouvidos para ouvir os suspiros e as lamúrias dos homens. Essa é a aparência do amor.

AGOSTINHO

Chegamos ao fim de nosso estudo sobre a anatomia de Deus. Em nossa longa jornada no exame da pessoa e da personalidade daquele por quem e em quem existimos, chegamos ao ponto de onde partimos: o coração de Deus. Afinal de contas, é o coração de Deus que deseja ser conhecido e move céus e terra para se revelar a nós.

Quando falamos sobre o coração, diversas imagens percorrem nossas mentes. Falamos do coração utilizando vários termos interessantes, via de regra, emotivos. Raramente – de vez em quando, mas raramente – pensamos no coração como um órgão que faz parte de nossa fisiologia e bate dentro do peito. Talvez isso aconteça durante um exame médico, mas na maioria das vezes usamos a palavra para nos referir a sentimentos, afetos e paixões. Ele geralmente expressa nossos sentimentos.

O coração é o centro de nossos desejos, a moradia de nossa vontade. Falar sobre assuntos do coração é tratar de algo que diz respeito ao próprio cerne de nosso ser. A Bíblia diz que um homem é "como imaginou na sua alma" (Pv 23.7; ECA). Imaginar é algo geralmente associado à mente, mas o autor de Provérbios diz que você, na verdade, pensa *com seu coração*. Paulo diz que é com o coração que um homem crê para justiça, para depois afirmar que com a boca se confessa para salvação (v. Rm 10.10). Jesus disse que a boca fala do que está cheio o coração (v. Mt 12.34).

"Diz o tolo em seu coração: 'Deus não existe'" (Sl 14.1). A Palavra de Deus diz-nos que aquele que não crê em Deus, negando a existência e a personalidade de Deus, é tolo. Eu o chamaria de grande tolo, mas a Bíblia apenas o chama de tolo. Devemos amar a Deus com todo nosso coração, o que significa todo nosso ser e vontade. O salmista orou: "Que as palavras da minha boca" — mas não parou aí, ainda diz: "e a meditação do meu coração" sejam agradáveis aos olhos de Deus, visto que o coração é o centro daquilo que somos mental, moral e espiritualmente (v. Sl 19.14).

Nas Escrituras encontramos vários conceitos utilizando o coração. Você considera em seu coração; sabe em seu coração; lembra em seu coração. O fato de uma pessoa ter um lugar especial em seu coração alude à devoção que você dedica a essa pessoa. Dar o coração a alguém significa amar essa pessoa. Você não abre o próprio peito e pega um enorme pedaço sangrento de tecido cardíaco e o oferece à pessoa; trata-se de uma definição de suas emoções.

É em seu coração que está a alegria e a coragem. A dor entra em seu coração. Desejo, desespero, tristeza e medo; tudo isso habita em seu coração. Em João 14, Jesus disse para os discípulos que, quando ele partisse, eles não deveriam se perturbar em seus corações.

É no coração que nossa integridade nasce e é nutrida. É onde vive nosso verdadeiro "eu". O Senhor põe à prova, purifica, investiga e conhece nossos corações, pois é no coração que vive a pessoa verdadeira. Onde estiver nosso tesouro, ali também estará nosso coração. Há uma relação entre nosso coração e nosso tesouro.

As outras partes da anatomia de Deus tiveram apresentação antropomórfica. Ou seja, foram apresentadas conforme a "forma do homem". Entendemos que Deus é espírito, mas ele nos fala de um modo que podemos compreender e processar cognitivamente. Já vimos a face de Deus, assim como os ouvidos, os olhos, a boca, os braços e as mãos dele. São todas representações antropomórficas de Deus. Quando olhamos para nós mesmos, podemos ver as coisas em nossa forma humana. No entanto, quando se trata do coração de Deus, tal representação não é tanto antropomórfica, mas *antropopática*. Isto é, atribui a Deus sentimentos humanos, em oposição à forma. Quando examinamos o coração de Deus, assim como ocorre com nosso coração, observamos suas facetas emocionais.

Deus possui uma personalidade que expressa emoções. Vimos alguns textos que falam da ira e da alegria de Deus. Existem diversas passagens nos Salmos que se referem ao riso de Deus. Deus ri. Imagine isso. Deus, divino e santo, realmente ri. É interessante atentar para o que o faz rir. Ele geralmente ri de pessoas que imaginam se dar bem fazendo coisas erradas. Ele ri por saber que sua justa punição está a caminho. Ele ri, mas, se você ler atentamente, não achará nada divertido. Você nem sempre tem segurança de não estar no meio daquela multidão que faz com que ele sinta cócegas.

Deus possui uma personalidade que expressa emoções.

Ele é um Deus de emoções e, quando falamos sobre o coração de Deus, levamos em conta seus sentimentos. Ele tem um coração. O interessante nisso, que realmente me surpreende, não é o fato de ele possuir um coração. É o sujeito que ele escolhe como exemplo para aqueles que desejam compreender o coração de Deus. Isso me deixa pasmo. Ao longo de todas as Escrituras, de Gênesis a Apocalipse, de uma capa a outra, somente uma pessoa é descrita por Deus como um "homem segundo o meu coração".

Podemos achá-lo em Atos 13.22, passagem na qual Paulo o identifica em seu sermão ao povo de Antioquia. Lemos o seguinte.

> Depois de rejeitar Saul, levantou-lhes Davi como rei, sobre quem testemunhou: 'Encontrei Davi, filho de Jessé, homem segundo o meu coração; ele fará tudo o que for da minha vontade`.

Ao remover Saul, Deus levantou Davi e deu um testemunho a seu respeito. Disse que Davi era homem "segundo o seu coração". Não foi o povo que o disse. Não foi Davi. Foi Deus quem disse sobre Davi: "Encontrei esse homem, Davi". Se você voltar para ler o contexto no qual Davi se tornou rei, descobrirá que houve literalmente uma busca. Deus efetivamente procurou e, de todo o povo de Israel, decidiu que Davi era o tipo de homem que ele procurava. Este é o sujeito que Deus disse ser "segundo o seu coração".

Isso não é dito a respeito de mais ninguém nas Escrituras. O mais perto que chegamos disso é em Jeremias 3.15, quando Deus diz: "E dar-vos-ei pastores segundo o meu coração" (ECA). Todavia, essas pessoas não são citadas pelo nome. Quanto a Davi, porém, Deus chegou a identificá-lo e torná-lo notório.

Davi, o menino pastor. Davi, o rei. Davi, o matador do gigante o grande guerreiro e o grande líder na batalha. Davi era um homem de Deus, chamado para liderar seu povo. Davi foi o rei que projetou o templo, a casa do próprio Deus. Davi, o amado de

Deus. Aliás, seu nome significa "amado". Eis quem foi reconhecido pelo Todo-Poderoso como um "homem segundo o meu coração". E aqui temos um problema. Se fizéssemos uma pesquisa, perguntando às pessoas o que elas lembram sobre Davi, a maioria, talvez não todos, responderia muito mais do que "um homem segundo o coração de Deus". A maioria de nós, quando pensamos em Davi, pensamos em um Davi diferente.

Davi, o rei. Sim, ele foi rei. Foi também adúltero. Davi, o guerreiro. Sim, ele foi isso, mas também foi um assassino. Davi foi um grande líder, mas também foi mentiroso e trapaceiro. Era egoísta, arrogante e abusou de seu povo. Fez mau uso de sua posição. Traiu seu amigo e fez com que fosse morto. Depois envolveu-se numa conspiração para encobrir o fato. Foi um adúltero. Não sei se grito ou coço minha cabeça. Se esse é o critério de Deus para escolher seus favoritos, deveria haver mais algumas pessoas na lista.

Quero dizer, um sujeito assim é absolutamente incrível. É o único nas Escrituras a quem Deus dá seu endosso pessoal. Certo escritor disse que Davi era um enigma insolúvel, um paradoxo irreconciliável. Homem santo de Deus, sim, mas com hábitos diabólicos. Isso fará você refletir até perceber que, se mantiver seu foco em Davi, não conseguirá entender nada.

O propósito da passagem citada não é tanto o comentário sobre o coração de Davi, mas a revelação sobre o coração de Deus. Em outras palavras, se tomarmos Davi como nosso modelo, ficaremos sem entender nada. Embora ele tenha sido a única pessoa identificada como um homem segundo o coração de Deus, se nos concentrarmos nele seremos pegos num dilema espiritual. A questão não é que Davi tinha um coração perfeito, mas que seu coração buscava um coração perfeito. Vá atrás do coração que Davi perseguia e você estará no caminho certo. O objetivo de Davi era ter acesso ao coração de Deus e conquistá-lo.

Muitos se conformam em escolher modelos e exemplos que sabem poder superar. Alguns olham para Davi e se dão conta de que ele não é tão difícil de vencer. Podemos ter enganado algumas pessoas em nossas vidas, e quem sabe ter dito algumas mentiras, mas faça-me o favor! O homem era dissimulado, trapaceiro, mentiroso, ladrão de mulheres, assassino, arrogante, fornicador, manipulador, egoísta e hipócrita. A maioria de nós não é tão má assim. Teríamos bons argumentos diante de Deus — se Davi fosse seu modelo. Mas a ênfase está no coração de Deus, o qual Davi perseguia.

A história de Davi parece uma daquelas minisséries de televisão a cabo. Seu caso com Bate-Seba já é suficiente para um ou dois alertas da censura. Os destaques adequados ao público em geral seriam os seguintes: Davi se apaixona... não, não é bem isso. Ele teve um caso... talvez nem isso. Falemos apenas do que realmente aconteceu. Davi viu Bate-Seba e decidiu que a queria. Portanto, mandou buscá-la, dormiu com ela e ela ficou grávida. Será que deixei de dizer que, antes de mandar buscá-la, Davi já sabia que ela era casada com um amigo seu?

Bate-Seba era casada com Urias. Ora, não teria sido tão ruim — seria ruim, mas não tanto — se Davi não soubesse disso. Mas nas Escrituras consta que ele perguntou sobre Bate-Seba e, depois, mandou chamá-la. Ele conhecia sua família e seu marido. Dormiu com ela, e ela engravidou. Primeiro, Davi inventou um jeito de encobrir seu pecado. Mandou chamar Urias, pobre joguete, que estava fora na batalha. E, diga-se de passagem, era lá que Davi devia estar. Lemos na Bíblia que era a "época em que os reis saíam para a guerra", mas Davi "permaneceu em Jerusalém" (2Sm 11.1). É nessa atitude de permanecer onde não se deve que as encrencas surgem. Davi era rei, mas mandou outros lutarem por seu reino.

Quando Urias apareceu, Davi tentou fazê-lo dormir com sua mulher para que ele pensasse ser o pai do bebê. Aquilo não funcionou, pois o leal Urias não podia nem pensar em dormir com sua esposa enquanto todos os homens estavam em guerra. Em vez de ir para casa com Bate-Seba, dormiu no chão do lado de fora da casa. Essa decisão acabou com o plano A de Davi. Para executar o plano B, ele teve ainda mais sangue-frio. Mandou Urias de volta para a guerra com um bilhete para Joabe, seu comandante. Urias, é claro, era por demais íntegro para ler o bilhete. Se o tivesse aberto, teria descoberto que Davi ordenara a Joabe que o pusesse na linha de frente, onde a batalha era mais dura. Davi ainda ordenou a Joabe que se certificasse de ninguém o apoiasse, a fim de que ele fosse morto. Davi escreveu tudo isso num bilhete e mandou Urias entregá-lo!

Urias, é lógico, foi morto, e Davi casou-se com a viúva. Esse é o homem segundo o coração de Deus? Há algo errado nessa situação. Não é nada lisonjeira. Mas a questão não é o coração de Davi. É o coração que Davi busca. Continue comigo.

Deus escolheu Davi. Ele é aparentemente a escolha mais incrível em toda a Escritura, visto que todas as coisas negativas que sabemos sobre esse homem são verdade. Não nos lembramos de ele ter erguido grandes cidades. Não nos lembramos do projeto do templo confiado a ele por Deus. Somos como a maioria das pessoas. Lembramos as coisas ruins, aquelas que nos chocam e apavoram — os pedaços mais apimentados se alojam em nossos arquivos mentais. Mas Deus não é como nós. Ele não olha a aparência externa, mas o coração. Aliás, foi exatamente o que ele disse ao profeta Samuel, pouco antes de fazê-lo ungir Davi, ainda adolescente, como futuro rei de Israel. Deus viu algo no coração de Davi. Viu algo naquele coração que clamava pela pessoa de Deus. O que ele viu?

Ao estudar as Escrituras, para termos uma compreensão ou discernimento mais profundo de um conceito, uma idéia ou uma palavra específica, há uma ferramenta de hermenêutica que pode nos ser muito útil. É a lei da primeira menção. Uma maneira de entender uma palavra ou conceito é descobrir quando ela foi mencionada pela primeira vez na Bíblia. Captar algum sentido ao observar como a palavra ou conceito foi usado pela primeira vez poderá ajudá-lo em referências posteriores. Portanto, se quisermos entender algo sobre o coração de Deus, seria útil voltar para descobrir em que ponto as Escrituras se referem pela primeira vez ao coração de Deus.

Sobre o coração de Deus

A lei da primeira menção nos leva de volta ao capítulo 6 de Gênesis. Deixe-me detalhar o ambiente. Estamos nos preparando para a destruição do mundo por meio da água. Estamos nos dias que antecedem o dilúvio. Deus está a ponto de abrir as portas do céu e derramar chuva por quarenta dias e quarenta noites, sem intervalos. Gênesis 6 explica a situação nesse período da história do mundo, dizendo-nos por que Deus está a ponto de destruir sua criação.

> O SENHOR viu que a perversidade do homem tinha aumentado na terra e que toda a inclinação dos pensamentos do seu coração era sempre e somente para o mal. Então o SENHOR arrependeu-se de ter feito o homem sobre a terra, e isso cortou-lhe o coração (Gn 6.5,6).

Onde lemos: "Então o Senhor arrependeu-se de ter feito o homem sobre a terra, e isso cortou-lhe o coração", a versão Almeida Corrigida Fiel traz: "Então arrependeu-se o Senhor de haver feito o homem sobre a terra e pesou-lhe em seu coração". O versículo 5 diz algo sobre o coração do homem. O versículo 6, sobre o coração de Deus. A cronologia é importante aqui. Sua importância reside no fato de que a revelação sobre o coração de Deus que vemos no versículo 6 é uma reação ao que é revelado sobre o coração do homem no versículo anterior.

Lemos que Deus olhou, examinou e viu a perversidade no coração do homem. A palavra "perversidade" diz respeito à depravação e à iniqüidade destrutiva. Deus viu o homem e olhou toda a futilidade, todos os jogos, todos os artifícios e todas as fachadas. Viu todas as imagens públicas e verificou o coração do homem. É um retrato de nossa cultura que se assemelha a raio X. Olhou profundamente o cerne do homem e só viu iniqüidade. Para ser mais exato, ele viu que a mente, o coração e a consciência do homem, bem como seus propósitos e desejos, eram, o tempo todo, completamente consumidos e permeados pela iniqüidade. Viu a corrupção absoluta do coração do homem. Contemplou a antítese de tudo que considerava bom, ou seja, não viu a si mesmo naqueles corações.

Deus sabe que para conhecer uma pessoa é necessário conhecer seu coração. Muitos de nós tomamos decisões, fazemos escolhas e assumimos compromissos baseados em futilidades, fachadas e aparências montadas para nos impressionar. Somos apaixonados por fachadas e ciladas. Alguns de nós precisam tanto de atenção que não se importam de conviver com frivolidades. Desde que nos proporcionem afirmação e enaltecimento, tudo estará bem para nós. Flores e bons jantares são bastante agradáveis, mas uma relação não se limita a flores e comida. Antes de haver compromisso, é preciso ter certeza de que se conhece profundamente a outra pessoa. É preciso conhecer-lhe o coração, e não se essa pessoa beija bem, tem boa aparência, ou o tipo de carro possui. Você precisa saber quem é o homem por baixo daquele terno impecável, e não dá para descobrir isso tirando-lhe a roupa. Você tem de saber quem é aquela mulher sem aquelas roupas finas, unhas postiças e títulos que precedem o nome. Deve-se descobrir quem as pessoas são quando ninguém está olhando. É uma questão que envolve o coração.

Quando Deus viu a iniqüidade no coração do homem, a Palavra diz que ele se arrependeu. Outra versão diz que Deus sentiu muito. Outra ainda diz que ele mudou de idéia. Há uma profunda questão teológica levantada nesse versículo. Se, como indicam algumas versões, Deus mudou de idéia, como ele ainda poderia ser o Deus "que nunca muda"? Ele é onisciente; portanto como poderia se arrepender de algo que criou? Como é possível que um Deus em quem não há vacilações, indecisões ou sombra de mudança se arrependerá? Dizer isso sugere que Deus tomou uma decisão e voltou atrás. Tal expressão implica que ocorrera algo que Deus não havia previsto, forçando-o a mudar os planos. Mas Deus não seria onisciente se achasse algo de que não tinha conhecimento antecipado. Como é possível que Deus, onisciente, onipresente e onipotente, que é o mesmo ontem, hoje e sempre, tenha mudado de idéia?

Em primeiro lugar, é preciso entender que a Palavra de Deus não foi escrita para Deus. Foi escrita para o homem. Logo, tudo que há nela traduz o esforço de Deus em nos fazer compreendê-lo. Ao estudar o coração de Deus, descobriremos que também ele é apresentado por meio de um raciocínio antropomórfico e antropopático; ou seja: por intermédio de conceitos e idéias que nos dizem respeito. Ora, quando nas Escrituras lemos que Deus mudou de idéia, devemos entender tratar-se de uma expressão utilizada para compreendermos a aparente inconsistência entre o que foi dito em momentos diferentes. No entanto, para que possamos solucionar essa charada teológica, é preciso antes de tudo reconhecer que algo aconteceu entre os versículos 5 e 6 de Gênesis 6.

Deus tomou a decisão de criar o homem e deu-lhe o domínio sobre todas as coisas. O homem se rebelou. Mudou e voltou seu coração contra os assuntos de Deus. Quando isso aconteceu, Deus reagiu com o que parece ter sido uma mudança de posição. É preciso sempre perceber que quaisquer considerações sobre a mente de Deus devem levar em conta não apenas sua onisciência, mas também sua presciência. A presciência implica que Deus, além de saber todas as coisas, também sabe de tudo o que acontecerá com relação ao que ele já sabe. Dessa forma, quando Deus toma a decisão de abençoar o homem, já sabe como o homem reagirá e como será sua resposta a essa reação.

Quando o homem reage como Deus já previra, Deus entra em ação para se opor à reação humana. Deus não pode ignorar o pecado, visto que sua natureza é justa. Quando o vê, precisa responder de modo compatível com seu caráter. Logo, o que aparenta ser uma mudança de idéia é, na verdade, o que Deus tinha planejado fazer desde o início. Deus sabe o que faremos antes de agirmos, e sabe como reagirá ao que fazemos.

Deus planejou abençoar você, mas, devido ao livre-arbítrio, já sabia que você tomaria decisões erradas e desobedeceria. Ele já havia determinado o que faria em relação a sua desobediência. Muito antes de você nascer, ele já tinha decidido o que faria para corrigi-lo, a fim de poder abençoá-lo conforme o planejado. Ele o ama demais para deixá-lo de fora do que ele deseja. E ele fará tudo o que for necessário para pôr você na linha, incluindo o castigo.

O castigo se dá quando Deus joga você para fora da estrada, deixa você algum tempo atolado em uma vala e, depois, o coloca de volta no caminho correto da bênção. No entanto, é preciso se dar conta de que ele o está pondo de volta no mesmo caminho do qual, desde o início, sabia que você se desviaria. Ele, depois, tem uma bênção que o espera tão logo você se oriente, mas não é uma nova bênção. Falamos da mesma bênção que o aguardava antes de todo o problema que você provocou.

Certa vez, disse a meu filho Kenden: "Quando chegar em casa, vou levá-lo ao *shopping*". Kenden queria outro par de sapatos. Ele sempre quer outro par de sapatos. Mas toda promessa desse tipo vem com algumas premissas embutidas. Sempre existem algumas "condições" não mencionadas quando os pais assumem compromissos. Quando cheguei em casa naquele dia, descobri que Kenden não tinha feito seu dever de casa. Sem dever de casa, nada de *shopping*. Eis uma das condições que mencionei. Ele sabe que só vamos ao *shopping* após o dever de casa ser feito. Obviamente, ele quis entrar num acordo: "Escuta só, papai", disse ele, "por que não vamos ao *shopping* primeiro e eu faço meu dever de casa quando voltarmos?". De modo algum! Ele já me pegou nessa antes. Sem dever de casa, nada de *shopping*.

Subi ao pavimento superior de nossa casa e, cerca de uma hora depois, Kenden subiu com uma folha de papel. Era seu dever de casa. Ele apenas disse: "Podemos ir ao *shopping*, papai?". No caminho para o *shopping*, ele me olhou e disse: "Que bom que você mudou de idéia sobre ir ao *shopping*, papai". A desobediência dele atrasou sua bênção. Mas conheço meu filho. Não fiquei surpreso por ele não ter feito seu dever de casa e sabia que, quando ele percebesse que eu estava retendo sua bênção, o dever seria feito. Quando subi as escadas, não tirei a roupa nem mesmo os sapatos, embora sentisse vontade de me deitar. Sabia que, se ele terminasse o dever de casa a tempo, eu precisava estar pronto para cumprir minha palavra.

Kenden teve a impressão de que mudei de idéia. Na realidade, apenas entreguei uma bênção que estava destinada a ele antes de ele arrumar o problema. O nome dele já estava gravado na bênção. Ele só precisava entrar na linha para ficar em posição de recebê-la.

Deus escreveu as Escrituras para nosso entendimento, não o dele. Temos dificuldades para absorver o conceito de onisciência. É difícil lidar com a presciência. Será mais fácil para compreender esses conceitos se dissermos que aquilo que parece ser uma mudança, na economia de Deus, na verdade não é mudança alguma, mas a expressão do *continuum* de sua vontade, que parte da eternidade para o mundo temporal.

Tão importante quanto o conceito de arrependimento, na passagem citada, é a real definição da palavra *arrepender*. É algo muito mais profundo do que uma simples mudança de idéia. A palavra evoca uma imagem notável. Significa "respirar, inspirar e expirar uma profunda dor". Deus não viu nada de bom no coração do homem e deu um profundo suspiro de desgosto. Examinou seus filhos, viu que todos os momentos de suas vidas eram ocupados por pensamentos e atos de iniqüidade e soltou um gemido carregado de dor.

O arrependimento de Deus é acompanhado por sua tristeza. Gênesis 6.6 mostra que isso pesou no coração de Deus. É algo como levar uma facada no coração. Dor física mesmo. Falando de forma mais específica, significa causar dor no coração. Dizer que pesou no coração de Deus alude à profundidade de sua dor. Alude à intensidade da dor que Deus sentiu ao ver o pecado dos homens e o pecado que havia neles. Em segundo lugar, transparece o quão grande é seu amor pelo homem, a ponto de esse ser finito ser capaz de infligir tamanha dor a um Deus todo-poderoso. Ali estava o homem: criado e abençoado por Deus, posto acima de toda a criação de Deus, apenas um pouco inferior aos anjos, e desprovido de toda bondade posta nele por Deus. Aquela visão transpassou o coração de Deus, e ele permitiu que um suspiro confirmasse a dor que sentia. Lemos nas Escrituras que o pecado do homem era contínuo, habitual e fazia parte de sua essência. O homem, de forma deliberada e maliciosa, profanou tudo que Deus havia lhe dado. Quando Deus criou o homem, disse que ele era "bom", mas já não podia mais dizer aquilo. Deus quer que você saiba que, naquele exato momento, ele estava magoado.

Já pude ver uma dor assim. Já estive em funerais, ao lado de mães que acompanhavam o caixão de filhos que haviam partido seus corações. Elas tinham dado tudo que sabiam dar, mas foram recompensadas com a rebelião. Já pude presenciar uma dor assim. É a dor que o acomete quando você é traído por uma pessoa a quem você se dedicou e em quem confiou, apoiando-a e contando com seu apoio. A pessoa se volta contra você, e a dor é tão grande, que você se surpreende desejando que aquela pessoa jamais tivesse entrado em sua vida.

O que Deus viu, pesou em seu coração. Esse fato nos traz de volta a Davi. O mais importante no que diz respeito ao coração de Davi não é tanto a perpetração do pecado, mas sua atitude em relação a ele. Davi, sendo um homem conforme o coração de Deus, não deve ser examinado do ponto de vista de sua desobediência e rebelião, mas sim em relação ao modo como ele encarava o pecado em sua vida. Davi compreendia o que o pecado fazia ao coração de Deus. Os mesmos sentimentos de tristeza e amargura se repetiam no coração de Davi.

> **Você tem alguma idéia do que o pecado faz ao coração de Deus?**

Deus escolheu Davi e considerou-o um homem segundo seu próprio coração antes que ele pecasse com Bate-Seba. Um Deus onisciente e presciente escolheu Davi, de modo que nada do que Davi fez foi novidade para Deus. Deus sabia ter posto no coração de Davi algo que, no fim das contas, dominaria a rebelião de sua carne. Portanto, quando Davi buscou a Deus após pecar, trazia em seu coração a mesma dor que havia no coração de Deus.

Davi clamou: "Tem misericórdia de mim, ó Deus. Não segundo minha própria bondade, mas segundo tua benevolência e conforme a multidão de tuas afáveis misericórdias. Apaga meu pecado. Purifica-me, pois sei que pequei contra ti e magoei teu coração. Venho a ti, ó Senhor, porque preciso que me limpes e restaures meu coração.

"Quero teu perdão, ó Pai, mas estou lutando porque preciso de algo mais profundo do que o perdão. Sempre que olho minha vida, enxergo somente o pecado. O que vejo lembra minha perversidade. Tentei agir certo com Bate-Seba. Casei-me com ela, mas sempre que a vejo, sou lembrado de meus crimes. Quando olho meus filhos, lembro-me daquele que morreu devido a meu pecado. Senhor, meu pecado está sempre diante de mim. Eu estraguei tudo e caí em desgraça. Trouxe destruição, e esta não foi pequena. Mas há algo em mim que quer ser como tu. Quero que te agrades de mim, mas estou tão longe disso nesta hora. Preciso que rompas as algemas da culpa. Sei o que fiz para ti e gemo com a dor que causei. Meu coração está transpassado e despedaçado porque te traí. Pai, purifica-me."

Algumas vezes, quando você anda muito tempo em pecado, começa a se sentir sujo. Suas mãos parecem sujas, você se sente sujo, sua boca fica suja e sua mente fica repleta de pensamentos ímpios. Você tenta fazer o que é correto, mas cada pensamento que surge em sua mente parece desviá-lo das coisas de Deus. Davi precisava ser limpo. Precisava de um banho. Mas a limpeza de que ele precisava não era superficial. Ele tinha problemas sob a pele. Ele tinha um problema no coração. E Davi compreendeu que a solução não estava em esfregar seu coração até limpar; nem muito sabão poderia cumprir a tarefa. A sujeira estava lá desde que ele nascera. Ele disse: "Sei que sou pecador desde que nasci, sim, desde que me concebeu minha mãe" (Sl 51.5).

Davi compreendeu que Deus queria que a verdade penetrasse suas partes mais íntimas. E ele sabia que simplesmente limpar seu coração não resolveria. Portanto, pediu a Deus: "Cria em mim um coração puro" (v. 10). Pediu um coração novo em folha. Essa palavra, "criar", significa "fazer ou criar do nada". Davi tinha consciência de que não podia dar nada a Deus que pudesse ajudar no que precisava ser feito. Se Deus fosse responder a sua oração, teria de começar desde o início. Mas Davi era um homem segundo o coração de um Deus para o qual nada era impossível.

"Cria em mim um coração limpo, Senhor" era a oração de Davi. Aí está. Davi pediu que Deus lhe desse um coração tal qual o coração de Deus. Um coração limpo é um coração puro. Assim é o coração de Deus. Um coração justo. Davi queria um coração reto, inocente, perfeito e livre de impurezas. O coração de Deus é assim. Era atrás disso que Davi estava.

O que significa ser um homem ou uma mulher segundo o coração de Deus? Significa que você reage ao pecado da mesma forma que Deus reage. Quando ele vê o pecado, trata de removê-lo. Somos homens ou mulheres segundo o coração de Deus quando agimos para remover o pecado de nossa vida. Além do mais, um coração segundo o coração de Deus também nos fala sobre nossa postura em relação a nossa atitude. O que você acha do modo como você se sente a respeito de seu pecado? Lemos em Gênesis 6 que toda a imaginação do coração do homem era má. Não basta pararmos com o que fazemos. É preciso tomar providências para abortar o pecado antes que ele seja concebido em nós. O pecado não nasce em nossas mãos ou nos lábios. Pecados que profanam o corpo não nascem sobre a pele. Nossas mentes podem ser iníquas. O pecado não se refere apenas ao que fazemos, mas ao que imaginamos fazer. Deus vê além de nosso comportamento. Vê a hediondez que abrigamos em nosso coração, escondida do resto do mundo. Ele quer levar-nos a remover isso.

Muitos de nós desejam condenar as pessoas pelo que elas fazem, embora o único motivo de não termos feito a mesma coisa foi não termos sido convidados. Não tivemos a oportunidade, portanto imaginamos que ficamos limpos com Deus. Deus diz que não é bem assim. Ele nos considera responsáveis pelo que quisemos, imaginamos e pensamos fazer. Somos responsáveis pela iniqüidade que exercitamos em nossa mente.

Fantasiar sobre pornografia não é brincadeira. É pecado. Você pensa não fazer diferença aquilo que acontece na privacidade do seu lar? E quanto ao que faz na privacidade da casa de Deus? "Acaso não sabem que o corpo de vocês é santuário do Espírito Santo que habita em vocês, que lhes foi dado por Deus, e que vocês não são de si mesmos?" (1Co 6.19). Ao permitir que tais coisas ocupem seus pensamentos, você está pichando as paredes da casa de Deus com depravação, imundícia, ira, amargura, inclemência e inveja.

Davi disse que a única solução é um coração especialmente novo, moldado pelo próprio Deus, feito a partir do nada. Se atentarmos apenas para o pecado de Davi, deixaremos passar a bênção de seu caráter. Somos mais ímpios do que Davi? É como perguntar a uma mulher se ela está "mais grávida" do que outra. A pureza é algo absoluto. Ou você é ou não é, e nenhum de nós o é. A frase é ruim, mas a teologia está perfeita.

Poderíamos aprender muito com Davi. Ele, por exemplo, se explicava freqüentemente com Deus. Quando via o pecado, não se demorava em confessá-lo. Quando o confessava, não demorava para se arrepender. Quando se arrependia, abria mão dele rapidamente. Você não vê Davi fazendo as mesmas coisas uma vez após outra. Após confessar, se arrepender e abandonar o pecado, Davi rapidamente se regozijava e louvava a Deus. Aliás, ele louvava a Deus durante todo o processo. Precisa haver mais Davis neste mundo.

Um coração revelado

Mais do que tudo, desejo ter um coração como o de Deus. Debato-me com isso todos os dias, pois sei que ter um coração como o de Deus não diz respeito apenas ao que faço ou não faço. É algo que se estende ao que penso, necessito e escondo nos lugares escuros de minha consciência. Se ao menos pudesse parar de pensar em algumas coisas e me esquecer de outras... Mas, como Davi, meu pecado está sempre diante de mim.

Lembro-me de uma canção que costumava entoar na igreja, que ainda canto de vez em quando.

> Dê-me um coração puro,
> Para que possa servi-lo.
> Senhor, conserte meu coração,
> Para que ele possa ser usado por ti.
> Embora eu não seja digno
> De todas essas bênçãos,

Dê-me um coração puro,
E seguirei a ti.[1]

É uma canção que soa estranha quando se pensa nela pela primeira vez. Quero que Deus me dê um coração puro para que eu possa servi-lo. Quero que me conserte para que ele possa me usar. Isso faz sentido, mas, a seguir, mudamos repentinamente para: "Não sou digno de todas as bênçãos". Que bênçãos? As bênçãos de servir a Deus e ser usado por ele. Se você é um homem ou mulher segundo o coração de Deus, após algum tempo você parará de pedir carros, casas, um marido ou uma esposa. Não há nada de errado com tudo isso, mas não estarão mais no topo de sua lista de oração.

As últimas duas linhas tocam meu coração. "Dê-me um coração puro e seguirei a ti." Como você reconhece quando Deus está criando um coração puro em você? Quando você o seguir. Não apenas na igreja aos domingos, mas até a eternidade. Você o seguirá quando for confortável e quando não for. Quando seus pais não o acompanharem e quando seus amigos ficarem criticando você por ser "santo demais". Quando fizer e quando não fizer sentido, e principalmente quando não fizer.

Você segue a Deus por uma única razão: por ser segundo o coração de Deus. Em Salmos 27.4 Davi disse: "Uma coisa pedi ao SENHOR; é o que procuro: que eu possa viver na casa do SENHOR todos os dias da minha vida, para contemplar a bondade do SENHOR e buscar sua orientação no seu templo". Vemos Davi orando o tempo todo nas Escrituras. Ele não dava um passo sem consultar a Deus. Glorificava a Deus em oração, intercedia em favor dos outros, se arrependia e implorava. E ainda assim o ve-

[1]Margaret Douroux, *Give Me a Clean Heart.*

mos dizendo que pedia apenas uma coisa: habitar em Deus, ver o coração de Deus, ter comunhão com ele todos os dias de sua vida. Isso quer dizer que cada oração, pedido, louvor ou apelo de Davi estava sujeito a um único desejo.

Quando você é segundo o coração de Deus, seus desejos seguem uma determinada linha de raciocínio. Se algo não o aproxima do coração de Deus, você não o quer. E você logo perde o desejo por coisas que você achava que jamais o abandonariam. Por quê? Porque sua vida logo se torna plena e embebida da necessidade de ver mais de Deus. Quero que você entenda isso. Um coração segundo o coração de Deus não é desprovido de esperanças e sonhos, mas apenas um coração que deseja o que Deus quer. Você já pensou que seria capaz de cumprir os desejos do coração de Deus? Dê mais atenção a isso. “Senhor, que posso fazer por ti hoje?”

Uma coisa miraculosa acontece quando você sinceramente procura conhecer os desejos que residem no coração de Deus. Ele lhe diz exatamente o que deseja, não em seu ouvido, mas em sua pessoa. Quando Deus revela seus desejos para você, eles se tornam parte de você. Lembre-se: você é transformado pelo que Deus lhe revela. Foi por isso que Jesus declarou que quem habitasse em Deus teria tudo o que pede. Quando você realmente busca o coração de Deus, a compaixão dele se torna sua. Os anseios dele se tornam seus. Você se torna o que ele deseja. Uma pessoa segundo o coração de Deus não pode ver o justo abandonado ou ouvir o clamor do oprimido e não reagir. O coração de Deus se parte quando ele vê o pecado, não em razão do delito, mas devido à morte que o acompanha. Da mesma forma, seu coração será tocado quando vir almas morrendo.

Como se parece o coração de Deus? Ele se parece com seus olhos, que me vêem por inteiro e ainda assim me amam. É como sua boca e seus ouvidos. Posso ver o coração de Deus em suas mãos, quando elas me libertam, me moldam, me castigam e me confortam. O coração de Deus tem a forma de seu sorriso. O coração de Deus é Deus. E, enquanto o contemplo, minha anatomia é transformada para refletir a glória de seu coração em mim. Meus olhos começam a ver como os dele. Minha boca profere as palavras dele. Minhas mãos acham prazer em fazer as coisas que fariam as mãos dele.

O coração de Deus é Deus.

E qual é o maior desejo do coração de Deus? Que nossa anatomia acompanhe a anatomia dele.

"Senhor, que posso fazer por ti hoje?"

"Siga-me. Busque-me. Tenha curiosidade a meu respeito. Medite em mim, examine-me, estude-me. Procure por mim. Olhe para mim. Deseje a minha pessoa. Tenha sede de mim. Tenha fome de mim. Alcance-me. Venha até mim. Tateie à minha procura, chame-me, ouça-me. Fale comigo. Volte-se para mim. Volte para mim. Deite-se comigo e levante-se comigo. Trabalhe comigo. Sirva-me. Louve-me e agradeça-me. Aceite-me e adore-me. Ceie comigo. Beba comigo. Coma comigo. Deleite-se em mim. Inspire-me. Expire-me. Viva em mim. Morra em mim. Ame-me. Seja amado por mim."

Seja amado por mim.
Amado por mim.
Amado.
"Davi" significa "amado".

E como posso saber quando encontrei o coração de Deus? Quando souber, tal qual Davi, que sou amado por ele. Quando souber, em meu próprio coração, que sou incondicional, incessante, inflexivel e inesgotavelmente amado pela insondável maravilha do coração de Deus.

Sobre o Autor

O dr. Kenneth C. Ulmer, que pastoreia a Faithful Central Bible Church, localizada em Inglewood, Califórnia, é um dos mais fecundos e requisitados pregadores da atualidade. Desde sua chegada à igreja, há mais de 19 anos, a congregação cresceu de 350 para mais de 10 000 vidas. O dr. Ulmer e a Faithful Central Bible Church são os novos donos do Great Western Forum, onde conduzem atualmente seus cultos aos domingos pela manhã.

Em junho de 1969, o dr. Ulmer recebeu o título de bacharel em música e radiodifusão pela Universidade de Illinois. Após aceitar seu chamado para o ministério, o dr. Ulmer foi ordenado na Mount Moriah Missionary Baptist Church em Los Angeles, Califórnia, em fevereiro de 1977. Em 1979, o dr. Ulmer fundou a Macedonia Bible Baptist Church em San Pedro, Califórnia.

Foi chamado para o pastorado da Faithful Central Bible Church em janeiro de 1982. Sua sede inexaurível de conhecimento fez com que continuasse seus estudos nas seguintes instituições de ensino: Pepperdine University, Hebrew Union College e University of Judaism. Em junho de 1986, recebeu o título de Doutor em Filosofia pela Grace Graduate School of Theology, Long Beach, Califórnia, que mais tarde se tornou o *campus* na costa oeste da Grace Theological Seminary. Em maio de 1999, recebeu o título de Doutor em Ministério pelo United Theological Seminary.

O dr. Ulmer também possui o título honorífico de Doutor em Teologia, recebido da Southern California School of Ministry, Los Angeles, Califórnia, em junho de 1989. Deu continuidade a sua formação participando do estudo de adoração e liturgia ecumênica no Magdalene College na Universidade de Oxford, Oxford, Inglaterra, em 1994.

Atuou como instrutor de ministério pastoral e homilética no Grace Theological Seminary; auxiliar de ensino de pregação afro-americana no Fuller Theological Seminary, em Pasadena; e professor adjunto na Biola University e na Pepperdine University. Atualmente, é orientador do programa de doutorado em ministério no United Theological Seminary, em Dayton, Ohio.

O dr. Ulmer atuou como membro do Conselho de Política de Prevenção da Violência do escritório do procurador-geral e do conselho diretor da Comissão para a Reconstrução de Los Angeles, instituída para reconstruir Los Angeles após os levantes civis. Em 1994, foi consagrado bispo de educação cristã da Full Gospel Baptist Church Fellowship, onde também faz parte do conselho de bispos. Tem atuado no conselho diretor da Gospel Music Workshop of America, no conselho administrativo da Biola University, no conselho consultivo de pastores da cidade de Inglewood e no conselho administrativo da Southern California School of Ministry. Ainda é membro fundador do King` s College e do King` s Seminary.

O talento do dr. Ulmer também o tem impelido ao mundo da literatura, sendo um exímio escritor. É autor de dois livros: *A new thing* [*Uma novidade*], uma reflexão sobre o movimento do Evangelho Pleno, e *Spiritually fit to run the race* [*Espiritualmente preparado para a corrida*], um guia para uma vida devota.

Em 17 de março de 2000, o dr. Ulmer assumiu como bispo-presidente da *Macedonia International Bible Fellowship*, representando o Zimbábue, a Namíbia, a Inglaterra, a República do Congo, a África do Sul e os Estados Unidos.

O dr. Ulmer é um marido e pai dedicado. Casado há mais de 25 anos com Togeta, possui duas filhas, RoShaun e Keniya, e um filho, Kenden. Moram em Los Angeles, Califórnia.

Conheça outras obras da Editora Vida

À imagem e semelhança de Deus

Philip Yancey e dr. Paul Brand

O escritor Philip Yancey e o cirurgião Paul Brand unem-se para demonstrar como, de modo perfeito e complexo, o corpo humano serve de retrato do corpo de Cristo, a igreja. Com rara sabedoria, eles "dissecaram" as maravilhas do corpo, extraindo muitas verdades espirituais sublimes.

A natureza e o caráter de Deus

Willian Pratney

William Pratney tocará o coração de todos, levando-os primeiramente a pensar sobre o que de fato entendem e acreditam acerca do Pai, e depois a aplicar esses conceitos à própria vida. Eles serão poderosamente enriquecidos ao conhecer em maior profundidade esta obra.

A teologia nossa de cada dia

Robert Banks

Diminuir a distância entre a teologia e o povo de Deus. Esse desafio foi inteligentemente vencido pelo escritor Robert Banks. De maneira lúcida e ponderada, ele resgata neste livro a teologia *do* povo *para* o povo e *por meio* do povo de Deus.

BÍBLIA DO EXECUTIVO
Para quem quer liderar em harmonia com a Palavra

A *Bíblia do executivo* é um recurso indispensável a todos os que buscam sabedoria de Deus para exercer sua função como líder em casa, no trabalho, nas igrejas e no mundo. Conheça alguns recursos:

1. **Introdução aos livros** ressaltando conceitos-chave de liderança em cada livro bíblico;

2. **Sistema de estudo bíblico** em 52 semanas tratando de princípios-chave de liderança;

3. **Janelas de estudo** que reforçam a compreensão da liderança bíblica ao longo do texto;

4. **Perfis de caráter** mostram como os atributos pessoais e a tomada de decisões dos líderes na Bíblia influenciaram sua eficiência;

5. **Índice de assuntos** que conduz aos textos bíblicos mais relevantes de acordo com as preocupações do líder;

6. **Concordância NVI** para facilitar e tornar mais ágil a pesquisa de referências bíblicas.

"Esta Bíblia será uma fonte excelente e prática para todo líder que deseja motivar e capacitar outras pessoas de acordo com o padrão bíblico" (John Maxwell).

Esta obra foi composta em Goud Old Style e impressa
por Imprensa da Fé sobre papel Off-Set para Editora
Vida em março de 2005